TRAITÉ

DE LA

CONJUGAISON DES VERBES

OUVRAGES DE M. E. A. LEQUIEN

Grammaire des Enfants, abrégé de la Grammaire française élémentaire. 1 vol. in-18, cartonné. 75 c.

Analyse Grammaticale, suivie d'un abrégé d'analyse logique. 1 vol. in-12. 1 fr. 50 c.

Concordance des Temps des Verbes, et particulièrement des Temps du subjonctif. Onzième édit. 1 vol in-12. 1 fr. 25 c.

Vocabulaire des Homonymes français, seconde édition, 1 vol. in-12. 2 fr. 50 c.

OUVRAGES DE M. E. A. LEQUIEN
Revus par Mme V. COLLIN,

Dame examinatrice aux Commissions d'Examen de la Sorbonne et de l'Hôtel de Ville.

Traité de la Ponctuation, contenant plus de quatre cents exemples divisés en 12 chapitres. Dixième édition, 1 vol. in-12, 1 fr. 25 c.

Tous ces volumes se vendent brochés, le cartonnage se paye en sus.

(C.)

Paris. — Imp. de Édouard Blot, rue Saint-Louis, 46.

TRAITÉ
DE LA
CONJUGAISON DES VERBES

OUVRAGE

QUI PEUT SERVIR DE SUPPLÉMENT
A LA PLUPART DES GRAMMAIRES ÉLÉMENTAIRES QUI ONT PARU
JUSQU'A CE JOUR;

PAR E.-A. LEQUIEN

ET REVU PAR

Mme VICTORINE COLLIN

Dame examinatrice aux Commissions d'Examen de la Sorbonne
et de l'Hôtel de Ville.

Dix-huitième édition.

PARIS
LIBRAIRIE ECCLÉSIASTIQUE, CLASSIQUE, ÉLÉMENTAIRE
DE CH. FOURAUT
47, rue Saint-André-des-Arts, 47

1860

OUVRAGES QUI SE TROUVENT A LA MÊME LIBRAIRIE

Petit cours d'Histoire, à l'usage des pensions et des Maisons religieuses d'Education ; par M. Ambroise RENDU fils.

Ce cours comprend les volumes suivants :

— HISTOIRE ANCIENNE, 1 vol in-18.
— HISTOIRE ROMAINE, 1 vol. in-18.
— HISTOIRE DU MOYEN AGE, 1 vol in-18.
— HISTOIRE DES TEMPS MODERNES, 1 vol. in-18.
— HISTOIRE DE L'ÉGLISE (revue, pour la Doctrine, par M. l'abbé Blanc), 1 vol in-18.
— MYTHOLOGIE.

Prix de chaque volume, cartonné, 90 c.

Chacun des 4 premiers volumes est orné d'une carte géographique.

Ouvrages de M. F. ANSART, pouvant servir de complément au petit Cours ci-dessus.

Petite Histoire Sainte, à l'usage des Écoles Primaires, continuée jusqu'à la destruction de Jérusalem ; nouvelle édition, augmentée de Questionnaires et de 2 cartes géographiques. 1 vol. in-18, cart. 75 c.

Ouvrage APPROUVÉ par LL. EE. les Cardinaux Archevêque de Tours et Évêque d'Arras, NN. SS, les Archevêques de Paris et d'Albi, et les Évêques de Langres, de Cambrai, d'Amiens, de Saint-Dié, de Beauvais et de Pamiers, et *autorisée par le Conseil de l'Instruction publique.*

Vie de Notre-Seigneur Jésus-Christ, littéralement extraite des Textes des Saints Évangiles, et suivie d'un Précis de la Doctrine Chrétienne, à l'usage des Écoles Primaires. 4e édition, augmentée de Questionnaires. 4 vol. in-18 de 180 pages, cart., 75 c.

Ouvrage revêtu des mêmes approbations que le précédent.

Petite Histoire de France, à l'usage dus Écoles Primaires. Nouvelle édition, complétement revue, *rédigée sur un Plan nouveau,* et augmentée d'Exercices, de Cartes géographiques et des Portraits des Rois ; 1 vol. in-18, cart. 75 c.

Ouvrage *autorisé par le Conseil de l'Instruction publique.*

Études Morales et Religieuses, ou **Éducation pratique des jeunes filles,** par Mlle Marie Curo ; Nouvelle édit. corrigée et augmentée. 1 vol in-12 de 188 pages, cart. 1 fr. 25 c.

Ouvrage autorisé par NN. SS. les Évêques de Saint-Brieux, de Bayeux et de Pamiers, et enrichi d'une Lettre de Mgr l'Archevêque de Paris.

Nouveaux dialogues Instructifs, Moraux et Amusants sur divers sujets, arrangés pour les Distributions de Prix dans les Établissements de Demoiselles ; par Mme Goinbot, directrice d'un pensionnat. 1 vol, in-12. 1 f. 25

Tout exemplaire qui ne sera pas revêtu de ma griffe sera réputé contrefait.

Gouraud

PREMIÈRE PARTIE

NOTIONS PRÉLIMINAIRES

DU VERBE EN GÉNÉRAL.

Le mot VERBE veut dire *parole*.

Le VERBE est un mot qui marque le rapport entre les idées.

Le VERBE exprime encore l'affirmation, l'action, l'état.

Le VERBE peut exprimer soit l'action que fait un sujet, comme *je parle*, *tu chantes*, *il porte*, *nous jouons*, *vous vous promenez*, *ils se sauvent*, soit l'état de ce sujet, comme *je suis malade*, *j'ai la fièvre*.

Nous distinguerons dans les verbes :

1° Le verbe ÊTRE, que nous appellerons *verbe par excellence* ou *verbe substantif;*

2° Les verbes *attributifs* ou *adjectifs*, qui renferment en eux le verbe *être* et son attribut.

Le verbe *être* est appelé *verbe par excellence* parce que c'est le seul qui existe réellement, le seul qui marque le rapport existant entre le sujet et l'attribut. Certains grammairiens l'appellent encore *verbe substantif;* mais cette dénomination ne lui convient que lorsqu'il est employé dans le sens d'*exister* :

Je suis celui qui est.

On peut encore appeler le verbe ÊTRE *verbe d'état;* car il exprime réellement un état :

Je suis malade, ils sont heureux.

Tous les verbes qui ne sont pas le verbe *être* sont appelés *verbes attributifs* ou *verbes adjectifs*, parce qu'ils sont composés du verbe *être* et de son attribut :

Je regarde, je suis regardant;
Il languit, il est languissant.

Les *verbes attributifs* se divisent en deux grandes classes : les *verbes à régime direct* (1) et les *verbes à régimes indirects*.

Le verbe à régime direct marque une action faite par le sujet, et retombant directement sur un objet :

Je lis — une histoire;
Il étudie — sa leçon.

La plupart des grammairiens appellent ce verbe *verbe actif*. Cette dénomination n'est pas rigoureusement juste; car le verbe *avoir*, qui est un verbe à régime direct, n'exprime pas toujours une action :

(1) Nous mettons *régime direct* au singulier, parce que le verbe n'a qu'un seul régime direct ; et *régimes indirects* au pluriel, parce que le même verbe peut avoir plusieurs régimes indirects.

J'ai de l'argent ;
Nous avons votre lettre ;

tandis que *sortir*, qui est un verbe à régimes indirects, exprime l'action :

Il sort de chez lui ;
Ils sortent pour se promener (1).

Le verbe à régimes indirects indique une action faite par le sujet, mais ne retombant sur un objet quelconque qu'à l'aide d'une préposition (2).

Ce verbe est souvent appelé *verbe neutre*, en opposition des *verbes actifs*. *Neutre* veut dire *ni l'un ni l'autre*. On donne ce nom aux verbes à régimes indirects, parce qu'ils ne sont ni actifs ni passifs.

Les verbes à régime direct et ceux à régimes indirects se subdivisent en *verbes passifs*, *pronominaux*, *impersonnels*.

Le verbe *passif* est celui dont le sujet supporte l'action au lieu de la faire. Il n'y a pas en français de véritables verbes passifs, c'est-à-dire de verbes dont le sujet supporte constamment l'action au lieu de la faire. Le verbe passif, en français, n'est autre

(1) On reconnait mécaniquement un verbe à régime direct, parce qu'on peut mettre après ce verbe les mots *quelqu'un*, *quelque chose*. *J'aime quelqu'un*, *je cherche quelque chose*.

(2) On reconnait mécaniquement un verbe à régimes indirects, parce qu'on ne peut pas mettre après ce verbe les mots *quelqu'un*, *quelque chose*, à moins que ces mots ne soient eux-mêmes précédés d'un autre mot, qui est ordinairement une préposition. *Nuire à quelqu'un ; sortir pour acheter quelque chose.*

que le verbe à régime direct qui a revêtu par hasard une forme passive.

L'Égypte est arrosée par le Nil.

Vous pouvez rétablir :

Le Nil arrose l'Égypte.
Nous sommes opprimés :

rétablissez :

Certaines personnes nous oppriment.

On tourne au passif un verbe à régime direct en prenant le régime de ce verbe pour en faire le sujet du verbe passif, et le sujet du verbe à régime direct devient le régime indirect du verbe passif à l'aide de l'une des prépositions *par* ou *de*.

On se sert de la tournure passive quand on veut attirer particulièrement l'attention sur le régime du verbe. Si je dis :

Cette vérité est connue de tout le monde,

l'esprit se porte principalement sur le mot *vérité*, et par là je rends cette vérité encore plus forte.

Les verbes *pronominaux* ont pris leur nom de ce qu'ils se conjuguent avec un pronom au mode infinitif et au mode impératif, et avec deux pronoms à tous les autres modes.

Se donner un livre;
S'être promené;
Rappelle-toi;
Nous nous faisons une loi;
Qu'ils se regardent.

Les verbes *pronominaux* peuvent être appelés verbes *réfléchis* quand l'action faite par le sujet retombe directement sur ce sujet :

Il se flatte, — il flatte lui;
Nous nous promenons, — nous promenons nous.

Ils peuvent encore s'appeler verbes *réciproques* quand ils marquent une action faite par deux sujets qui agissent réciproquement l'un sur l'autre :

Ces enfants se querellent;

l'un querelle l'autre, et l'autre querelle l'un.

Le verbe *impersonnel* est celui qui ne s'emploie dans tous ses temps qu'à la troisième personne du singulier, comme :

Il pleut; il neige; il faut; il importe.

Il faut distinguer les verbes *essentiellement impersonnels* de ceux qui ne le sont qu'*accidentellement*.

Les verbes *essentiellement impersonnels* ne peuvent dans aucun cas être employés autrement qu'à la troisième personne du singulier, comme :

Il faut; il pleut; il neige.

Dans ce cas, le sujet *il* ne fait ni ne supporte l'action exprimée par le verbe; il ne rappelle pas non plus l'idée ni d'une personne ni d'une chose : ce n'est pas un pronom personnel, c'est un mot sans nom faisant la fonction de sujet.

Les verbes qui ne sont qu'*accidentellement imper-*

sonnels sont des verbes ordinaires qui revêtent par hasard la forme impersonnelle :

Il est à désirer que vous soyez heureuse;
Il arrive souvent qu'on se trompe.

Dans ce cas, le mot *il* n'est que le sujet apparent du verbe : le vrai sujet est facile à reconnaître.

Il arrive souvent qu'on se trompe.

Se tromper arrive souvent. *Se tromper* est le vrai sujet.

Il est à désirer que vous soyez heureuse.

Une chose est à désirer, c'est... *Une chose* est le vrai sujet.

Les verbes accidentellement impersonnels sont de véritables *gallicismes*, c'est-à-dire des tournures de phrases qui n'appartiennent qu'à la langue française, et qui ne sauraient être traduites littéralement dans d'autres langues.

On reconnaît qu'un verbe est impersonnel quand à la place du pronom *il* on ne peut mettre un substantif ou le pronom *elle*.

VARIATIONS DES VERBES.

Le *verbe* est un mot variable.

Le verbe varie en *conjugaisons*, en *modes*, en *temps*, en *personnes*, et en *nombres*.

CONJUGAISONS.

Il y a quatre conjugaisons, c'est-à-dire quatre terminaisons différentes pour l'infinitif présent des verbes.

Première conjugaison, en *er*, comme *donner*.

Deuxième conjugaison, en *ir*, comme *finir*.

Troisième conjugaison, en *oir*, comme *recevoir*.

Quatrième conjugaison, en *re*, comme *prendre*.

DES MODES.

Le mot *mode* veut dire *manière*.

On appelle *modes* les différentes manières d'employer le verbe.

Il y a cinq modes :

1er. L'*infinitif*, qui exprime l'action ou l'état en général, sans nombre ni personne, comme *aimer*, *chanter*, *rire*, *recevoir*, etc.

2e. L'*indicatif*, qui indique l'affirmation d'une manière positive, soit qu'elle se rapporte à une chose qui a été faite, qui se fait maintenant ou qui doit se faire :

J'ai étudié, j'étudie, j'étudierai demain.

3e. Le *conditionnel* marque l'affirmation moyennant une condition :

J'aurais étudié si j'avais eu mes livres ;
J'étudierais maintenant si je les avais ;
J'étudierais demain si on me les apportait.

4e. L'*impératif* est le mode du commandement. On ordonne, ou l'on prie qu'une chose se fasse :

Va là.
Serrez vos cahiers.

5°. Le *subjonctif* est le mode de la dépendance. Il s'emploie dans les membres de phrase subordonnés à un autre membre de phrase qui marque ordinairement le désir, le souhait, le doute, la crainte, la peur, etc. :

Il faut qu'elle aille à la messe.

Le subjonctif ne peut être que sous la dépendance d'un verbe au mode indicatif ou au mode conditionnel.

Les cinq modes que nous venons d'indiquer peuvent se réduire à trois bien distincts :

L'*infinitif*, l'*indicatif*, le *subjonctif*.

Le *conditionnel* n'est qu'un indicatif sous condition.

L'*impératif* n'est qu'un subjonctif exprimant le désir d'une manière absolue.

Fais cela.

veut dire :

Je veux que tu fasses cela ;
Donnez-moi ce livre

veut dire :

Je désire que vous me donniez ce livre.

DES TEMPS.

On appelle *temps* dans les verbes les parties de ces verbes qui se rapportent à telle ou telle époque de la durée.

La *durée* a trois époques principales : le *présent*, le *passé*, l'*avenir*.

Le *présent* marque qu'une chose est ou se fait présentement :

Je lis; nous souffrons.

Le *passé* marque qu'une chose a été faite :

Je lisais; j'ai lu; nous avons souffert.

Le *futur* marque qu'une chose sera ou se fera :

Je lirai; nous souffrirons; ils auront fini.

Le *présent* n'a qu'une nuance, car il ne peut exprimer qu'un seul instant de la durée : aussi n'a-t-il *qu'un temps*.

Le *passé* embrasse six nuances : il y a donc *six temps* pour l'exprimer.

Ces six temps sont : l'*imparfait*, le *prétérit défini*, le *prétérit indéfini*, le *prétérit antérieur*, le *plus-que-parfait* et le *prétérit antérieur indéfini*.

Le *futur* a deux nuances; il a deux temps : le *futur simple* et le *futur antérieur*.

Le mode *indicatif* est celui où toutes ces nuances sont le plus distinctes; aussi renferme-t-il neuf temps. Cependant tous les modes comprennent les trois époques : le *présent*, le *passé*, le *futur*.

On compte vingt-trois temps dans un verbe.

MODE INFINITIF. — *Six temps.*

1er. Infinitif présent, *étudier*.

2e. Participe présent, *étudiant.*
3e. Participe passé, *étudié.*
4e. Participe passé relatif, *ayant étudié* (1).
5e. Préterit, *avoir étudié.*
6e. Futur, *devant étudier.*

MODE INDICATIF. — *Neuf temps.*

1er. Présent, *j'étudie.*
2e. Imparfait ou passé simultané, *j'étudiais.*
3e. Prétérit défini, *j'étudiai.*
4e. Prétérit indéfini, *j'ai étudié.*
5e. Prétérit antérieur, *j'eus étudié.*
6e. Plus-que-parfait, *j'avais étudié.*
7e. Prétérit antérieur indéfini, *j'ai eu étudié.*
8e. Futur, *j'étudierai.*
9e. Futur passé, *j'aurai étudié.*

MODE CONDITIONNEL. — *Trois temps.*

1er. Conditionnel présent, *j'étudierais.*
2e. Conditionnel passé, *j'aurais étudié.*
3e. Autre conditionnel passé, *j'eusse étudié.*

MODE IMPÉRATIF. — *Un temps.*

Etudie, étudiez.

(1) Presque tous les graimmairiens mettent ce temps avec l'autre participe passé, et disent : *eu, ayant eu, été, ayant été.* Il me semble qu'il est mieux nommé participe passé relatif, car effectivement, il n'exprime pas un passé simple, mais un passé relatif à une chose présente. On ne dit guère : *Ayant été malade, je craignais l'humidité.* Mais on dit très-bien : *Ayant été malade, je crains l'humidité.*

MODE SUBJONCTIF. — *Quatre temps.*

1er. Présent du subjonctif, *que j'étudie.*
2e. Prétérit du subjonctif, *que j'aie étudié.*
3e. Imparfait du subjonctif, *que j'étudiasse.*
4e. Plus-que-parfait du subjonctif, *que j'eusse étudié.*

EMPLOI DES TEMPS.

Le *présent de l'infinitif* exprime l'action d'une manière vague et sans époque limitée :

Étudier était, est, et sera toujours un plaisir.

Le *participe présent* est moins vague que le présent de l'infinitif. Il se rapporte plus particulièrement à une personne ou à une chose déterminée; mais il n'a pas non plus d'époque limitée :

Il s'est tué en étudiant les sciences abstraites;
Il se fatigue en étudiant trop;
Il mourra en étudiant.

Le *participe passé* exprime plutôt un état qu'une action quand il n'est pas accompagné d'un auxiliaire; alors il devient adjectif :

Étudié, étudiée; aimée.

Il faut sous-entendre : *une chose* étudiée, *une personne* aimée.

Le *participe passé relatif* exprime un passé relatif à un présent :

Ayant étudié, il sait beaucoup.

Le *prétérit de l'infinitif* exprime une idée plus vague que le participe passé composé :

Il faut avoir étudié pour savoir.

Le *futur de l'infinitif* exprime un futur :

Devant étudier demain, je ne puis sortir (1).

On emploie le *présent de l'indicatif* pour exprimer qu'une chose est ou se fait à l'instant même :

J'étudie.

On emploie l'*imparfait* ou *passé simultané* pour exprimer qu'une chose se faisait en même temps qu'une autre :

J'étudiais quand vous êtes entré.

Le *prétérit défini* exprime qu'une chose a été faite dans un temps déterminé ou qui est entièrement écoulé :

J'étudiai hier toute la journée.

Le *prétérit indéfini* exprime qu'une chose a été faite dans un temps déterminé ou qui n'est pas déterminé, ou bien qui, s'il est déterminé, n'est pas entièrement écoulé :

(1) Il y a encore dans les verbes quelques temps doublement composés : mais, comme ils sont peu usités, nous ne les mettrons pas dans la conjugaison des verbes : nous en parlerons ailleurs.

J'ai étudié hier ;
J'ai étudié cet ouvrage avec soin ;
J'ai déjà étudié ce matin (1).

Le *prétérit antérieur* marque qu'une chose a été faite avant une autre dans un temps passé :

J'eus étudié hier avant midi.

Le *plus-que-parfait* marque qu'une chose était déjà faite quand on en a fait une autre :

J'avais étudié hier avant votre arrivée.

Le *prétérit antérieur indéfini* marque une chose entièrement finie dans un temps limité ou non limité :

J'ai eu étudié hier avant votre arrivée;
J'ai eu fini longtemps avant lui.

Le *futur simple* marque qu'une chose se fera dans un temps qui n'est pas encore :

J'étudierai demain.

Le *futur antérieur* marque qu'une chose sera faite quand une autre se fera :

J'aurai étudié demain à midi (2).

(1) On voit que le *prétérit indéfini* peut très-bien s'employer à la place du *prétérit défini*, tandis que le *prétérit défini* ne peut pas toujours remplacer le *prétérit indéfini*.

(2) C'est à tort qu'on appelle ce temps *futur passé* ; il n'y a aucune idée de passé dans une chose qui n'est pas faite ou accomplie.

Le *présent du conditionnel* marque qu'une chose se ferait présentement ou dans un temps futur moyennant une condition :

> J'étudierais à l'instant si j'avais mes livres;
> J'étudierais demain si on me les apportait.

Le *passé* du *conditionnel* marque qu'une chose se serait faite dans un temps passé moyennant une condition :

> J'aurais étudié hier si j'avais eu mes livres.

Le second *passé du conditionnel* marque qu'une chose aurait été entièrement faite à un temps donné moyennant une condition :

> J'eusse étudié hier à midi si j'avais eu mes livres.

L'*impératif* n'a qu'un temps, qui exprime un présent par rapport à l'action de commander, et un futur par rapport à la chose commandée :

> Étudie maintenant *ou* ce soir.

Le *présent du subjonctif* exprime la dépendance de l'action soit au moment présent, soit au futur, selon que le verbe dont il dépend est au présent ou au futur :

> Il faut que j'étudie à l'instant;
> Il faudra que j'étudie ce soir.

Le *prétérit du subjonctif* marque un futur antérieur, soit que le premier verbe soit au présent, soit qu'il soit au futur; seulement, quand le premier verbe est au présent, le futur est plus immédiat :

Il faut que j'aie étudié dans une heure;
Il faudra que j'aie étudié ce soir *ou* demain.

L'*imparfait du subjonctif* peut exprimer soit une idée de passé, soit une idée de présent relatif ou de futur, selon que le verbe avec lequel il est en concordance est à l'un des passés de l'indicatif ou au conditionnel :

Il fallait, il a fallu que j'étudiasse;

idée de passé :

Il faudrait que j'étudiasse maintenant *ou* ce soir;

idée de présent ou de futur.

Le *plus-que-parfait du subjonctif* marque un passé, un présent relatif, un futur antérieur; mais l'instant de l'action est limité :

Il fallait que j'eusse étudié hier à midi;
Il a fallu que j'eusse étudié avant son arrivée;

Il faudrait que j'eusse étudié le plus promptement possible.

Il faudrait que j'eusse étudié demain.

Ces vingt-trois temps du verbe se divisent en *temps primitifs* et en *temps dérivés*.

Les *temps primitifs* sont ceux qui forment les autres.

Il ne devrait y en avoir qu'un, ce serait le *présent de l'infinitif*, duquel tous les autres temps dérivent naturellement; mais on a l'habitude d'en compter cinq, savoir :

1er. Le *présent de l'infinitif*, qui forme le futur et le conditionnel;

2e. Le *participe présent*, qui forme l'imparfait de l'indicatif et le présent du sujonctif;

3e. Le *participe passé*, qui forme tous les temps composés;

4e. Le *présent de l'indicatif*, qui forme l'impératif;

5e. Le *prétérit défini*, qui forme l'imparfait du subjonctif.

Quand un des temps primitifs manque dans un verbe, les temps qui en dérivent manquent aussi.

Les *temps dérivés* se divisent à leur tour en *temps simples* et en *temps composés*.

Les *temps simples* sont ceux qui se conjuguent seuls, c'est-à-dire sans le secours d'un autre verbe :

Il parle; nous nous aimons.

Les *temps composés* sont ceux qui ne se conjuguent qu'en empruntant le secours d'un autre verbe :

J'ai regardé; ils ont couru.

Les verbes à régime direct conjugués comme verbes passifs n'ont point de temps simples.

DES PERSONNES.

On entend par *personnes* dans les verbes le rôle que joue le sujet, soit qu'il parle de lui, qu'il parle à quelqu'un, ou qu'il parle de quelqu'un.

Il y a trois personnes dans les verbes :

La *première personne* est celle qui parle ; elle est indiquée par les pronoms *je* et *nous :*

Je parle ; nous parlons.

La *seconde personne* est celle à qui l'on parle ; elle est indiquée par les pronoms *tu* et *vous :*

Tu parles ; vous parlez.

La *troisième personne* est celle de qui l'on parle ; elle est indiquée par les pronoms *il*, *elle*, *ils*, *elles*, par un nom de *personne* ou de *chose*, et par tous les pronoms indéfinis.

Il parle, elle parle ; ils parlent, elles parlent ;
Ces personnes parlent ;
Cette chose est belle ;
On vient.

Il faut cependant remarquer que si le nom de personne ou de chose est mis en apostrophe (1), le verbe sera à la seconde personne.

(1) Un nom est en apostrophe quand il désigne une personne ou une chose personnifiée à laquelle on adresse la parole.

Ma sœur! prends garde.
Jérusalem! Jérusalem! qui tues tes prophètes!...

DES NOMBRES.

Les verbes varient en nombres; ils en ont deux :

Le *singulier*, quand il s'agit d'une seule personne ou d'une seule chose :

J'aime, tu chantes, il marche.

Le *pluriel*, quand il s'agit de plusieurs personnes ou de plusieurs choses :

Nous aimons, vous chantez, elles marchent.

Les variations dans les verbes ne se marquent pas, ainsi que dans les autres mots variables, par l'addition ou la suppresion d'une lettre. Les variations des verbes sont beaucoup plus compliquées, et demandent une attention particulière. Pour s'aider dans la conjugaison des verbes, il faut distinguer les *verbes réguliers*, les *verbes irréguliers* et les *verbes défectifs*.

Les *verbes réguliers* sont ceux dont tous les temps primitifs et dérivés se forment régulièrement du radical de l'infinitif (1) de ce verbe.

Les *verbes irréguliers* sont ceux dans lesquels

(1) On appelle radical d'un verbe les lettres et même les syllabes qui se trouvent dans l'infinitif du verbe, sauf la terminaison *er*, *ir oir*, *re*.

quelques-uns ou même un seul de ces temps primitifs ou dérivés ne se forment pas exactement du radical du présent de l'infinitif.

Les *verbes défectifs* sont ceux auxquels il manque un ou plusieurs temps.

DE LA CONJUGAISON DES VERBES.

Réciter de suite les différents modes d'un verbe, avec tous leurs temps, leurs personnes et leurs nombres, cela s'appelle *conjuguer*.

DES AUXILIAIRES.

Auxiliaire veut dire *qui vient en aide*, *qui porte secours*.

On appelle donc *verbes auxiliaires* ceux qui aident à conjuguer les autres verbes.

Il y a deux auxiliaires principaux : ce sont le *verbe être* et le *verbe avoir*.

Le verbe *être* aide à conjuguer tous les verbes passifs, tous les verbes pronominaux, et quelques verbes à régimes indirects.

Le verbe *avoir* aide à conjuguer tous les verbes à régime direct et la plupart des verbes à régimes indirects.

Faire, *devoir*, *aller*, *venir de*, sont encore des verbes auxiliaires, du moins dans certaines occasions; ainsi on dira :

Je fais travailler ses enfants;
Je dois aller à la campagne;
Je vais partir pour mes terres;
Il vient de partir pour Rome.

Nous allons donner la conjugaison des deux auxiliaires *avoir* et *être*, puis celle d'un verbe de chacune des conjugaisons en *er*, *ir*, *oir*, *re*. Nous prendrons pour exemples des verbes réguliers dans la première, seconde et quatrième conjugaison; et nous ferons remarquer qu'il n'y a pas un seul verbe régulier dans la troisième conjugaison.

CHAPITRE PREMIER.

Conjugaison du verbe AVOIR
(Verbe irrégulier).

INFINITIF (1er *Mode*).

PRÉSENT.

Avoir.

PARTICIPE PRÉSENT.

Ayant.

PARTICIPE PASSÉ.

Eu, eue.

PRÉTÉRIT.

Avoir eu.

PARTICIPE PASSÉ RELATIF.

Ayant eu.

FUTUR.

Devant avoir.

INDICATIF (2e *Mode*).

PRÉSENT.

J'ai,
Tu as (1),
Il *ou* elle a,
Nous avons,
Vous avez,
Ils *ou* elles ont.

IMPARFAIT.

J'avais,
Tu avais,
Il avait,
Nous avions,
Vous aviez,
Ils avaient (2).

PRÉTÉRIT DÉFINI.

J'eus,
Tu eus,
Il eut,
Nous eûmes,
Vous eûtes,
Ils eurent.

PRÉTÉRIT INDÉFINI.

J'ai eu,
Tu as eu,
Il a eu,
Nous avons eu,
Vous avez eu,
Ils ont eu.

(1) Toutes les secondes personnes du singulier ont un *s* à la fin ; dans quelques verbes seulement la seconde personne est terminée par un *x*.

(2) Excepté dans les verbes impersonnels, toutes les troisièmes personnes prennent indifféremment *il* ou *elle*, *ils* ou *elles*, sans changer de terminaison.

PRÉTÉRIT ANTÉRIEUR.

J'eus eu,
Tu eus eu,
Il eut eu,
Nous eûmes eu,
Vous eûtes eu,
Ils eurent eu.

PLUS-QUE-PARFAIT.

J'avais eu,
Tu avais eu,
Il avait eu,
Nous avions eu,
Vous aviez eu,
Ils avaient eu.

PRÉTÉRIT ANTÉRIEUR INDÉF.

J'ai eu étudié,
Tu as eu étudié,
Il a eu étudié,
Nous avons eu étudié,
Vous avez eu étudié,
Ils ont eu étudié.

FUTUR.

J'aurai,
Tu auras,
Il aura,
Nous aurons,
Vous aurez,
Ils auront.

FUTUR ANTÉRIEUR (1).

J'aurai eu,
Tu auras eu,
Il aura eu,
Nous aurons eu,
Vous aurez eu,
Ils auront eu.

CONDITIONNEL (3e *Mode*).

PRÉSENT.

J'aurais,
Tu aurais,
Il aurait,
Nous aurions,
Vous auriez,
Ils auraient.

PASSÉ.

J'aurais eu,
Tu aurais eu,
Il aurait eu,
Nous aurions eu,
Vous auriez eu,
Ils auraient eu.

Autre PASSÉ.

J'eusse eu,
Tu eusses eu,
Il eût eu,
Nous eussions eu,
Vous eussiez eu,
Ils eussent eu.

IMPÉRATIF (4e *Mode*).

PRÉSENT OU FUTUR.

Aie (2),
Qu'il ait,
Ayons,
Ayez,
Qu'ils aient.

(1) On dit *futur passé*, *futur composé*, *futur antérieur*. Nous avons cru cette dernière expression la plus convenable.

(2) L'impératif n'a point de première personne au singulier, parce que ce mode marque le commandement ou la prière, et qu'on ne peut ni se commander ni se prier de faire quelque chose ; ce n'est même que pour nous conformer à l'usage que nous donnons les troisièmes personnes de ce mode, lesquelles sont abso-

SUBJONCTIF (5e *Mode*).

PRÉSENT *ou* FUTUR.

Que j'aie,
Que tu aies,
Qu'il ait,
Que nous ayons,
Que vous ayez,
Qu'ils aient.

IMPARFAIT.

Que j'eusse,
Que tu eusses,
Qu'il eût,
Que nous eussions,
Que vous eussiez,
Qu'ils eussent.

PRÉTÉRIT.

Que j'aie eu,
Que tu aies eu,
Qu'il ait eu,
Que nous ayons eu,
Que vous ayez eu,
Qu'ils aient eu.

PLUS-QUE-PARFAIT.

Que j'eusse eu,
Que tu eusses eu,
Qu'il eût eu,
Que nous eussions eu,
Que vous eussiez eu,
Qu'ils eussent eu.

Avant de passer à la conjugaison d'un autre verbe, il faut être en état de conjuguer celui-ci sans le secours de la grammaire. On peut le conjuguer avec un substantif, comme : *avoir faim*, *avoir soif*, *avoir envie*, *avoir tort*, *avoir raison*, *avoir droit*, *avoir occasion*, etc.

Manière de conjuguer le verbe AVOIR *avec un substantif.*

AVOIR FAIM.

INDICATIF.

PRÉSENT.

J'ai *faim*,
Tu as *faim*,
Il a *faim*,
Nous avons *faim*,
Vous avez *faim*,
Ils ont *faim*.

IMPARFAIT.

J'avais *faim*,
Tu avais *faim*,
Il avait *faim*,
Nous avions *faim*,
Vous aviez *faim*,
Ils avaient *faim*.

La même chose à tous les autres temps.

lument les mêmes que les troisièmes personnes du présent du subjonctif.

CHAPITRE II.

Conjugaison du verbe ÊTRE.

(Verbe irrégulier).

INFINITIF (1er *Mode*).

PRÉSENT.

Être.

PARTICIPE PRÉSENT.

Étant.

PARTICIPE PASSÉ.

Été.

PRÉTÉRIT.

Avoir été.

PARTICIPE PASSÉ RELATIF.

Ayant été.

FUTUR.

Devant être.

INDICATIF (2e *Mode*).

PRÉSENT.

Je suis,
Tu es,
Il est,
Nous sommes,
Vous êtes,
Ils sont.

IMPARFAIT.

J'étais,
Tu étais,
Il était,
Nous étions,
Vous étiez,
Ils étaient.

PRÉTÉRIT DÉFINI.

Je fus,
Tu fus,
Il fut,
Nous fûmes,
Vous fûtes,
Ils furent.

PRÉTÉRIT INDÉFINI.

J'ai été,
Tu as été,
Il a été,
Nous avons été,
Vous avez été,
Ils ont été.

PRÉTÉRIT ANTÉRIEUR.

J'eus été,
Tu eus été,
Il eut été,
Nous eûmes été,
Vous eûtes été,
Ils eurent été (1).

(1) Le *prétérit antérieur indéfini* manque au verbe *être*.

PLUS-QUE-PARFAIT.

J'avais été,
Tu avais été,
Il avait été,
Nous avions été.
Vous aviez été,
Ils avaient été.

FUTUR.

Je serai,
Tu seras,
Il sera,
Nous serons,
Vous serez,
Ils seront.

FUTUR ANTÉRIEUR.

J'aurai été,
Tu auras été,
Il aura été,
Nous aurons été,
Vous aurez été,
Ils auront été.

CONDITIONNEL (3e *Mode*).

PRÉSENT.

Je serais,
Tu serais,
Il serait,
Nous serions,
Vous seriez,
Ils seraient.

PASSÉ.

J'aurais été,
Tu aurais été,
Il aurait été,
Nous aurions été,
Vous auriez été,
Ils auraient été.

Autre PASSÉ.

J'eusse été,
Tu eusses été,
Il eût été,
Nous eussions été,
Vous eussiez été,
Ils eussent été.

IMPÉRATIF (4e *Mode*).

PRÉSENT OU FUTUR.

Sois,
Qu'il soit,
Soyons,
Soyez,
Qu'ils soient.

SUBJONCTIF (5e *Mode*).

PRÉSENT OU FUTUR.

Que je sois,
Que tu sois,
Qu'il soit,
Que nous soyons,
Que vous soyez,
Qu'ils soient.

IMPARFAIT.

Que je fusse,
Que tu fusses,
Qu'il fût,
Que nous fussions,
Que vous fussiez,
Qu'ils fussent.

PRÉTÉRIT.

Que j'aie été,
Que tu aies été,
Qu'il ait été,
Que nous ayons été.
Que vous ayez été,
Qu'ils aient été.

PLUS-QUE-PARFAIT.

Que j'eusse été,
Que tu eusses été,
Qu'il eût été,
Que nous eussions été,
Qus vous eussiez été,
Qu'ils eussent été.

Conjuguez plusieurs fois ce verbe tel que vous le voyez ici ; ensuite conjuguez-le en y ajoutant un *adjectif.*

Manière de conjuguer le verbe ÊTRE *avec un adjectif.*

ÊTRE CONTENT.

INDICATIF.

PRÉSENT.

Masculin.	*Féminin.*
Je suis *content* (1),	Je suis *contente* (1),
Tu es *content,*	Tu es *contente,*
Il est *content,*	Elle est *contente,*
Nous sommes *contents* (2),	Nous sommes *contentes* (2),
Vous êtes *contents* (3),	Vous êtes *contentes* (3),
Ils sont *contents.*	Elles sont *contentes.*

IMPARFAIT.

J'étais *content,*	J'étais *contente,*
Tu étais *content,*	Tu étais *contente,*
Il était *content,*	Elle était *contente,*
Nous étions *contents,*	Nous étions *contentes,*
Vous étiez *contents,*	Vous étiez *contentes,*
Ils étaient *contents.*	Elles étaient *contentes.*

La suite de même, en ajoutant l'adjectif *content* à tous les temps du verbe *être.*

Conjuguez de même : *être prudent, être complaisant, être poli, être grand, être petit, être sourd, être coupable, être honnête,* etc.

(1) Au féminin on ajoute un *e* muet à l'adjectif.

(2) Au pluriel on ajoute un *s* à l'adjectif.

(3) Quand le pronom *vous* est employé pour le pronom *tu,* l'adjectif reste au singulier. *Vous êtes content; vous êtes contente.*

CHAPITRE III.

Verbes AVOIR *et* ÊTRE *conjugués avec interrogation.*

Comme nous avons été à même de remarquer ce qui embarrasse le plus les personnes peu accoutumées à écrire, nous avons trouvé qu'elles éprouvent toujours de la difficulté en écrivant les verbes avec interrogation, comme : *ai-je? as-tu? a-t-il? avons-nous?* etc. Nous allons conjuguer ici le verbe *avoir* et le verbe *être* comme ils se trouvent ordinairement dans les phrases interrogatives.

INDICATIF.

PRÉSENT.

AVOIR.	ÊTRE.
Ai-je?	Suis-je?
As-tu?	Es-tu?
A-t-il *ou* a-t-elle? (1)	Est-il *ou* est-elle?
Avons-nous?	Sommes-nous?
Avez-vous?	Êtes-vous?
Ont-ils *ou* ont-elles?	Sont-ils *ou* sont-elles?

(1) Quand un verbe ne finit point par *t* ou par *d* à la troisième personne du singulier, il faut mettre un *t* entre deux traits-d'union après ce verbe quand il précède un pronom, pour éviter la rencontre de la voyelle qui termine le verbe avec la voyelle qui commence le pronom : *a-t-il, a-t-elle, a-t-on, aura-t-il, aura-t-elle, aura-t on*. On met le *t* entre deux traits-d'union pour indiquer qu'il n'appartient ni au verbe ni au pronom qui suit ce verbe. Ce *t* est une lettre euphonique, c'est-à-dire mise pour l'harmonie de l'oreille.

IMPARFAIT.

Avais-je?	Étais-je?
Avais-tu?	Étais-tu?
Avait-il?	Était-il?
Avions-nous?	Étions-nous?
Aviez-vous?	Étiez-vous?
Avaient-ils?	Étaient-ils?

PRÉTÉRIT DÉFINI.

Eus-je?	Fus-je? (1)
Eus-tu?	Fus-tu?
Eut-il?	Fut-il?
Eûmes-nous?	Fûmes-nous?
Eûtes-vous?	Fûtes-vous?
Eurent-ils?	Furent-ils?

PRÉTÉRIT INDÉFINI.

Ai-je eu?	Ai-je été?
As-tu eu?	As-tu été?
A-t-il eu?	A-t-il été?
Avons-nous eu?	Avons-nous été?
Avez-vous eu?	Avez-vous été?
Ont-ils eu?	Ont-ils été?

PRÉTÉRIT ANTÉRIEUR.

Eus-je eu?	Eus-je été?
Eus-tu eu?	Eus-tu été?
Eut-il eu?	Eut-il été?
Eûmes-nous eu?	Eûmes-nous été?
Eûtes-vous eu?	Eûtes-vous été?
Eurent-ils eu?	Eurent-ils été?

PLUS-QUE-PARFAIT.

Avais-je eu?	Avais-je été?
Avais-tu eu?	Avais-tu été?
Avait-il eu?	Avait-il été?
Avions-nous eu?	Avions-nous été?
Aviez-vous eu?	Aviez-vous été?
Avaient-ils eu?	Avaient-ils été?

(1) Cette tournure d'interrogation est peu usitée, ainsi que celle de plusieurs autres temps.

FUTUR.

Aurai-je?	Serai-je?
Auras-tu?	Seras-tu?
Aura-t-il?	Sera-t-il?
Aurons-nous?	Serons-nous?
Aurez-vous?	Serez-vous?
Auront-ils?	Seront-ils?

FUTUR ANTÉRIEUR.

Aurai-je eu?	Aurai-je été?
Auras-tu eu?	Auras-tu été?
Aura-t-il eu?	Aura-t-il été?
Aurons-nous eu?	Aurons-nous été?
Aurez-vous eu?	Aurez-vous été?
Auront-ils eu?	Auront-ils été?

CONDITIONNEL.

PRÉSENT.

Aurais-je?	Serais-je?
Aurais-tu?	Serais-tu?
Aurait-il?	Serait-il?
Aurions-nous?	Serions-nous?
Auriez-vous?	Seriez-vous?
Auraient-ils?	Seraient-ils?

PASSÉ.

Aurais-je eu?	Aurais-je été?
Aurais-tu eu?	Aurais-tu été?
Aurait-il eu?	Aurait-il été?
Aurions-nous eu?	Aurions-nous été?
Auriez-vous eu?	Auriez-vous été?
Auraient-ils eu?	Auraient-ils été?

Autrement.

Eussé-je eu? (1)	Eussé-je été?
Eusses-tu eu?	Eusses-tu été?
Eût-il eu?	Eût-il été?

(1) Quand la première personne d'un verbe est terminée par un *e* muet, comme *j'eusse*, on met un accent aigu sur l'*e* dans l'interrogation : *eussé-je?* et non *eusse-je?* et cela pour l'oreille. (*Règle générale.*)

Eussions-nous eu?	Eussions-nous été?
Eussiez-vous eu?	Eussiez-vous été?
Eussent-ils eu?	Eussent-ils été?

REMARQUE. Dans les temps du subjonctif, l'interrogation se marque dans le verbe qui précède : *faut-il que j'aie? fallait-il que j'eusse? veut-on que je sois? voulait-on que je fusse?* L'impératif et l'infinitif ne sont susceptibles d'aucun changement dans la conjugaison, puisqu'il n'y a point à ces deux modes de pronom sujet, du moins exprimé.

CHAPITRE IV.

Conjugaison des Verbes attributifs.

Première Conjugaison.

INFINITIF EN ER.

DONNER (*Verbe régulier*).

INFINITIF (1er *Mode*).

PRÉSENT.

Donn *er*.

PARTICIPE PRÉSENT.

Donn *ant*.

PARTICIPE PASSÉ.

Donn *é, ée*.

PRÉTÉRIT.

Avoir donné?

PARTICIPE PASSÉ RELATIF.

Ayant donné.

FUTUR.

Devant donner.

INDICATIF.

PRÉSENT.

Je donn *e*,	Nous donn *ons*,
Tu donn *es*,	Vous donn *ez*,
Il donn *e*,	Ils donn *ent*,

IMPARFAIT.

Je donn *ais*,
Tu donn *ais*,
Il donn *ait*,
Nous donn *ions*,
Vous donn *iez*,
Ils donn *aient*.

PRÉTÉRIT DÉFINI.

Je donn *ai*,
Tu donn *as*,
Il donn *a*,
Nous donn *âmes*,
Vous donn *âtes*,
Ils donn *èrent*.

PRÉTÉRIT INDÉFINI.

J'ai donné.
Tu as donné,
Il a donné,
Nous avons donné,
Vous avez donné,
Ils ont donné.

PRÉTÉRIT ANTÉRIEUR.

Quand, lorsque

J'eus donné,
Tu eus donné,
Il eut donné,
Nous eûmes donné,
Vous eûtes donné,
Ils eurent donné.

PLUS-QUE-PARFAIT.

J'avais donné,
Tu avais donné,
Il avait donné,
Nous avions donné,
Vous aviez donné,
Ils avaient donné.

PRÉTÉRIT ANTÉRIEUR INDÉF.

J'ai eu donné,
Tu as eu donné,
Il a eu donné,
Nous avons eu donné,
Vous avez eu donné,
Ils ont eu donné.

FUTUR.

Je donn *erai*,
Tu donn *eras*,
Il donn *era*,
Nous donn *erons*,
Vous donn *erez*,
Ils donn *eront*.

FUTUR ANTÉRIEUR,

Quand, lorsque

J'aurai donné,
Tu auras donné,
Il aura donné,
Nous aurons donné,
Vous aurez donné,
Ils auront donné.

CONDITIONNEL.

PRÉSENT *ou* FUTUR.

Je donn *erais*,
Tu donn *erais*,
Il donn *erait*,
Nous donn *erions*,
Vous donn *eriez*,
Ils donn *eraient*.

PASSÉ.

J'aurais donné,
Tu aurais donné,
Il aurait donné,
Nous aurions donné,
Vous auriez donné,
Ils auraient donné.

Autre PASSÉ.

J'eusse donné,
Tu eusses donné,

Il eût donné,
Nous eussions donné,
Vous eussiez donné,
Ils eussent donné,

IMPÉRATIF.

PRÉSENT *ou* FUTUR.

Donn *e*,
Qu'il donn *e*,
Donn *ons*,
Donn *ez*,
Qu'ils donn *ent*.

SUBJONCTIF.

PRÉSENT *ou* FUTUR.

Il faut, il faudra

Que je donn *e*,
Que tu donn *es*,
Qu'il donn *e*,
Que nous donn *ions*,
Que vous donn *iez*,
Qu'ils donn *ent*.

IMPARFAIT.

Il fallait, il faudrait

Que je donn *asse*,
Que tu donn *asses*,
Qu'il donn *ât*,
Que nous donn *assions*,
Que vous donn *assiez*,
Qu'ils donn *assent*.

PRÉTÉRIT.

On attend, on attendra

Que j'aie donné,
Que tu aies donné.
Qu'il ait donné,
Que nous ayons donné,
Que vous ayez donné,
Qu'ils aient donné.

PLUS-QUE-PARFAIT.

Il faudrait, il aurait fallu

Que j'eusse donné,
Que tu eusses donné,
Qu'il eût donné,
Que nous eussions donné,
Que vous eussiez donné,
Qu'ils eussent donné.

Remarquez avec attention les finales de tous les temps simples de ce verbe, que nous avons fait mettre en lettres italiques et un peu détachées des lettres radicales (1) du verbe; et observez bien que, dans tous les verbes réguliers de la première conjugaison que vous conjuguerez, il faut que vous trouviez ces mêmes finales à la suite de toutes les lettres qui composent l'*infinitif*, moins la finale en ER.

(1) Les *lettres radicales* du verbe *donner* sont *donn*, lettres qui précèdent la finale *er*, et qui se trouvent à toutes les personnes de chaque temps du verbe *donner*, comme on peut le voir dans la conjugaison de ce verbe.

Conjuguer de même les verbes suivants : *sonner*, *ordonner*, *pardonner*, *commander*, *commencer*, *parler*, *moissonner*, *calculer*, *frapper*, *sauter*, *marquer*, *casser*, *fouler*, *tacher*, *tâcher*, *penser*, *panser*, *arroser*, *arracher*, *raccommoder*, *porter*, *rapporter*, *nommer*, *rouler*, *doubler*, *aimer*, *former*, *enfoncer*, *tourner*, *dépenser*, *offenser*, *récompenser*, *fréquenter*, *prodiguer*, *embarrasser*, etc.

Pour les verbes irréguliers de cette conjugaison (la plus régulière des quatre), voyez la seconde partie de cet ouvrage.

Seconde Conjugaison.

INFINITIF EN IR.

FINIR (*Verbe régulier*).

INFINITIF (1er *Mode*).

PRÉSENT.

Fin *ir* (1).

PARTICIPE PRÉSENT.

Fin *issant*.

PARTICIPE PASSÉ.

Fin *i*, fin *ie*.

PRÉTÉRIT.

Avoir fini.

PARTICIPE PASSÉ RELATIF.

Ayant fini.

FUTUR.

Devant finir.

INDICATIF.

PRÉSENT.

Je fin *is*,
Tu fin *is*,
Il fin *it*,
Nous finiss *ons*,
Vous finiss *ez*,
Ils finiss *ent*.

IMPARFAIT.

Je finiss *ais*,
Tu finiss *ais*,
Il finiss *ait*,
Nous finiss *ions*,
Vous finiss *iez*,
Ils finiss *aient*.

PRÉTÉRIT DÉFINI.

Je fin *is*,

(1) Radical *fin*.

Tu fin *is*,
Il fin *it* (1),
Nous fin *îmes*,
Vous fin *îtes*,
Ils fin *irent*.

PRÉTÉRIT INDÉFINI.

J'ai fini,
Tu as fini,
Il a fini,
Nous avons fini,
Vous avez fini,
Ils ont fini.

PRÉTÉRIT ANTÉRIEUR.

Quand, lorsque

J'eus fini,
Tu eus fini,
Il eut fini,
Nous eûmes fini,
Vous eûtes fini,
Ils eurent fini.

PLUS-QUE-PARFAIT.

J'avais fini,
Tu avais fini,
Il avait fini,
Nous avions fini,
Vous aviez fini,
Ils avaient fini.

PRÉTÉRIT ANTÉRIEUR INDÉF.

J'ai eu fini,
Tu as eu fini,
Il a eu fini,
Nous avons eu fini,
Vous avez eu fini,
Ils ont eu fini.

FUTUR.

Je fini *rai*,
Tu fini *ras*,
Il fini *ra*,
Nous fini *rons*,
Vous fini *rez*,
Ils fini *ront*.

FUTUR ANTÉRIEUR.

Quand, lorsque

J'aurai fini,
Tu auras fini,
Il aura fini,
Nous aurons fini,
Vous aurez fini,
Ils auront fini.

CONDITIONNEL.

PRÉSENT *ou* FUTUR.

Je fini *rais*,
Tu fini *rais*,
Il fini *rait*,
Nous fini *rions*,
Vous fini *riez*,
Ils fini *raient*.

PASSÉ.

J'aurais fini,
Tu aurais fini,
Il aurait fini,
Nous aurions fini,
Vous auriez fini,
Ils auraient fini.

Autre PASSÉ.

J'eusse fini,
Tu eusses fini,
Il eût fini,
Nous eussions fini,
Vous eussiez fini,
Ils eussent fini.

(1) Dans tous les verbes en *ir* qui se conjuguent régulièrement, comme *finir*, le singulier du *prétérit défini* est semblable au singulier du *présent* de l'indicatif.

IMPÉRATIF.

PRÉSENT *ou* FUTUR.

Fin*is*,
Qu'il finiss*e*,
Finiss*ons*,
Finiss*ez*,
Qu'ils finiss*ent*.

SUBJONCTIF.

PRÉSENT *ou* FUTUR.

On veut, on voudra

Que je finiss*e*,
Que tu finiss*es*,
Qu'il finiss*e*,
Que nous finiss*ions*,
Que vous finiss*iez*,
Qu'ils finiss*ent*.

IMPARFAIT.

On voulait, on voudrait

Que je fin*isse* (1)
Que tu fin*isses*,
Qu'il fin*ît*,
Que nous fin*issions*,
Que vous fin*issiez*,
Qu'ils fin*issent*.

PRÉTÉRIT.

On a voulu, on aura voulu

Que j'aie fini,
Que tu aies fini,
Qu'il ait fini,
Que nous ayons fini,
Que vous ayez fini,
Qu'ils aient fini.

PLUS-QUE-PARFAIT.

On aurait ou *on eût attendu*

Que j'eusse fini,
Que tu eusses fini,
Qu'il eût fini,
Que nous eussions fini,
Que vous eussiez fini,
Qu'ils eussent fini.

Conjuguez de même les verbes suivants : *définir*, *guérir*, *punir*, *fournir*, *nourrir*, *avertir*, *divertir*, *convertir*, *pervertir*, *blanchir*, *élargir*, *établir*, *ensevelir*, *attendrir*, *approfondir*, *emplir*, *remplir*, *amollir*, *anéantir*, *affermir*, *bâtir*, *démolir*, *saisir*, *engloutir*, *munir*, *tarir*, *amortir*, *affaiblir*, *aplanir*, *ternir*, etc.

Et pour les verbes irréguliers de cette conjugaison, voyez le deuxième chapitre de la seconde partie.

(1) Dans tous les verbes qui se conjuguent régulièrement, comme *finir*, l'imparfait du subjonctif est semblable au présent du même mode, excepté la troisième personne du singulier, qui change *isse* en *ît*.

Troisième Conjugaison.

INFINITIF EN OIR.

RECEVOIR (*Verbe irrégulier*).

INFINITIF (1er *Mode*).

PRÉSENT.

Recev *oir*.

PARTICIPE PRÉSENT.

Recev *ant*.

PARTICIPE PASSÉ.

Reç *u*, reç *ue*.

PRÉTÉRIT.

Avoir reçu.

PARTICIPE PASSÉ RELATIF.

Ayant reçu.

FUTUR.

Devant recev *oir*.

INDICATIF.

PRÉSENT.

Je reçoi *s*,
Tu reçoi *s*,
Il reçoi *t*,
Nous recev *ons*,
Vous recev *ez*,
Ils reçoiv *ent*.

IMPARFAIT.

Je recev *ais*,
Tu recev *ais*,
Il recev *ait*,
Nous recev *ions*,
Vous recev *iez*,
Ils recev *aient*.

PRÉTÉRIT DÉFINI.

Je reç *us*,
Tu reç *us*,
Il reç *ut*,
Nous reç *ûmes*,
Vous reç *ûtes*,
Ils reç *urent*.

PRÉTÉRIT INDÉFINI.

J'ai reçu,
Tu as reçu,
Il a reçu,
Nous avons reçu,
Vous avez reçu,
Ils ont reçu.

PRÉTÉRIT ANTÉRIEUR.

Quand, lorsque

J'eus reçu,
Tu eus reçu,
Il eut reçu.
Nous eûmes reçu,
Vous eûtes reçu,
Ils eurent reçu.

PLUS-QUE-PARFAIT.

J'avais reçu,
Tu avais reçu,
Il avait reçu,
Nous avions reçu,
Vous aviez reçu
Ils avaient reçu.

PRÉTÉRIT ANTÉRIEUR INDÉF.

J'ai eu reçu,
Tu as eu reçu,
Il a eu reçu,
Nous avons eu reçu,
Vous avez eu reçu.
Ils ont eu reçu.

FUTUR.

Je recev *rai*,
Tu recev *ras*,
Il recev *ra*,
Nous recev *rons*,
Vous recev *rez*,
Ils recev *ront*.

FUTUR ANTÉRIEUR.

Quand, lorsque

J'aurai reçu,
Tu auras reçu,
Il aura reçu,
Nous aurons reçu,
Vous aurez reçu,
Ils auront reçu.

CONDITIONNEL.

PRÉSENT *ou* FUTUR.

Je recev *rais*,
Tu recev *rais*,
Il recev *rait*,
Nous recev *rions*,
Vous recev *riez*,
Ils recev *raient*.

PASSÉ.

J'aurais reçu,
Tu aurais reçu,
Il aurait reçu,
Nous aurions reçu,
Vous auriez reçu,
Ils auraient reçu.

Autre PASSÉ.

J'eusse reçu,
Tu eusses reçu,
Il eût reçu,
Nous eussions reçu,
Vous eussiez reçu,
Ils eussent reçu.

IMPÉRATIF.

PRÉSENT *ou* FUTUR.

Reçoi *s*,
Qu'il reçoiv *e*,
Recev *ons*,
Recev *ez*,
Qu'ils reçoiv *ent*.

SUBJONCTIF.

PRÉSENT *ou* FUTUR.

Il est possible

Que je reçoiv *e*,
Que tu reçoiv *es*,
Qu'il reçoiv *e*,
Que nous recev *ions*,
Que vous recev *iez*,
Qu'ils reçoiv *ent*.

IMPARFAIT.

Il serait possible

Que je reç *usse*,
Que tu reç *usses*,
Qu'il reç *ût*,
Que nous reç *ussions*.
Que vous reç *ussiez*,
Qu'ils reç *ussent*.

PRÉTÉRIT.

Il est possible

Que j'aie reçu,
Que tu aies reçu,
Qu'il ait reçu,
Que nous ayons reçu,
Que vous ayez reçu,
Qu'ils aient reçu.

PLUS-QUE-PARFAIT.

Il serait possible

Que j'eusse reçu,
Que tu eusses reçu,
Qu'il eût reçu,
Que nous eussions reçu,
Que vous eussiez reçu,
Qu'ils eussent reçu.

Conjuguez de même les verbes suivants : *apercevoir*, *concevoir*, *décevoir*, *devoir*. Le participe passé de ce dernier prend un accent circonflexe au masculin singulier seulement : *dû*, *due*, *dus*, *dues*.

Et pour les autres verbes irréguliers de cette conjugaison, voyez le troisième chapitre de la seconde partie.

Quatrième Conjugaison.

INFINITIF EN RE.

RENDRE (*Verbe régulier*).

INFINITIF (1er *Mode*).

PRÉSENT.

Rend *re*.

PARTICIPE PRÉSENT.

Rend *ant*.

PARTICIPE PASSÉ.

Rend *u*, rend *ue*.

PRÉTÉRIT.

Avoir rendu.

PARTICIPE PASSÉ RELATIF.

Ayant rendu.

FUTUR.

Devant rendre.

INDICATIF.

PRÉSENT.

Je rend *s*,
Tu rend *s*,
Il rend,
Nous rend *ons*,
Vous rend *ez*,
Ils rend *ent*.

IMPARFAIT.

Je rend *ais*,
Tu rend*ais*,
Il rend *ait*,
Nous rend *ions*,
Vous rend *iez*,
Ils rend *aient*.

PRÉTÉRIT DÉFINI.

Je rend *is*,
Tu rend *is*,
Il rend *it*,
Nous rend *îmes*,

Vous rend *îtes*,
Ils rend *irent*.

PRÉTÉRIT DÉFINI.

J'ai rendu,
Tu as rendu,
Il a rendu,
Nous avons rendu,
Vous avez rendu,
Ils ont rendu.

PRÉTÉRIT ANTÉRIEUR.

Quand, lorsque

J'eus rendu,
Tu eus rendu,
Il eut rendu,
Nous eûmes rendu,
Vous eûtes rendu,
Ils eurent rendu.

PRÉTÉRIT ANTÉRIEUR INDÉF.

J'ai eu rendu,
Tu as eu rendu,
Il a eu rendu,
Nous avons eu rendu,
Nous avez eu rendu,
Ils ont eu rendu.

PLUS-QUE-PARFAIT.

J'avais rendu,
Tu avais rendu,
Il avait rendu,
Nous avions rendu,
Vous aviez rendu,
Ils avaient rendu.

FUTUR.

Je rend *rai*,
Tu rend *ras*,
Il rend *ra*,
Nous rend *rons*,
Vous rend *rez*,
Ils rend *ront*.

FUTUR ANTÉRIEUR.

Quand, lorsque

J'aurai rendu,
Tu auras rendu,
Il aura rendu.
Nous aurons rendu,
Vous aurez rendu,
Ils auront rendu.

CONDITIONNEL.

PRÉSENT *ou* FUTUR.

Je rend *rais*,
Tu rend *rais*.
Il rend *rait*,
Nous rend *rions*,
Vous rend *riez*,
Ils rend *raient*.

PASSÉ.

J'aurais rendu,
Tu aurais rendu,
Il aurait rendu,
Nous aurions rendu,
Vous auriez rendu,
Ils auraient rendu.

Autre PASSÉ.

J'eusses rendu,
Tu eusses rendu,
Il eût rendu,
Nous eussions rendu,
Vous eussiez rendu,
Ils eussent rendu.

IMPÉRATIF.

PRÉSENT *ou* FUTUR.

Rend *s*,
Qu'il rend *e*,
Rend *ons*,
Rend *ez*,
Qu'ils rend *ent*.

SUBJONCTIF.

PRÉSENT OU FUTUR.

Il est temps

Que je rend *e*,
Que tu rend *es*,
Qu'il rend *e*,
Que nous rend *ions*,
Que vous rend *iez*,
Qu'ils rend *ent*.

IMPARFAIT.

On voulut

Que je rend *isse*,
Que tu rend *isses*,
Qu'il rend *ît*,
Que nous rend *issions*,
Que vous rend *issiez*,
Qu'ils rend *issent*.

PRÉTÉRIT.

Il a fallu

Que j'aie rendu,
Que tu aies rendu,
Qu'il ait rendu,
Que nous ayons rendu,
Que vous ayez rendu,
Qu'ils aient rendu.

PLUS-QUE-PARFAIT.

On aurait souhaité

Que j'eusse rendu,
Que tu eusses rendu,
Qu'il eût rendu,
Que nous eussions rendu,
Que vous eussiez rendu,
Qu'ils eussent rendu.

Conjuguez de même les verbes suivants : *vendre*, *tendre*, *détendre*, *attendre*, *étendre*, *entendre*, *pendre*, *suspendre*, *descendre*, *répandre*, *prétendre*, *fendre*, *défendre*, *refendre*, *tondre*, *fondre*, *refondre*, *confondre*, *pondre*, *répondre*, *mordre*, *tordre*, *perdre*, etc.

Et pour les verbes irréguliers de cette conjugaison, voyez le quatrième chapitre de la seconde partie.

CHAPITRE V.

LES MÊMES VERBES CONJUGUÉS AVEC INTERROGATION.

Première Conjugaison.

DONNER.

INDICATIF.

PRÉSENT.

Donné-je? (1)
Donnes-tu?
Donne-t-il?
Donnons-nous?
Donnez-vous?
Donnent-ils?

IMPARFAIT.

Donnais-je?
Donnais-tu?
Donnait-il?
Donnions-nous?
Donniez-vous?
Donnaient-ils?

PRÉTÉRIT DÉFINI.

Donnai-je?
Donnas-tu?
Donna-t-il?
Donnâmes-nous?
Donnâtes-vous?
Donnèrent-ils?

PRÉTÉRIT INDÉFINI.

Ai-je donné?
As-tu donné?
A-t-il donné?
Avons-nous donné?
Avez-vous donné?
Ont-ils donné?

PRÉTÉRIT ANTÉRIEUR.

Eus-je donné?
Eus-tu donné?
Eut-il donné?
Eûmes-nous donné?
Eûtes-vous donné?
Eurent-ils donné?

PLUS-QUE-PARFAIT.

Avais-je donné?

(1) Nous avons dit que toutes les premières personnes du singulier, terminées par un *e* muet, prennent un accent aigu sur l'*e* dans l'interrogation : *j'aime, aimé-je? je chante, chanté-je? je donne, donné-je?* Cet *é* est simplement euphonique.

Avais-tu donné?
Avait-il donné?
Avions-nous donné?
Aviez-vous donné?
Avaient-ils donné?

PRÉTÉRIT ANTÉRIEUR INDÉF.

Ai-je eu donné?
As-tu eu donné?
A-t-il eu donné?
Avons-nous eu donné?
Avez-vous eu donné?
Ont-ils eu donné?

FUTUR.

Donnerai-je?
Donneras-tu?
Donnera-t-il?
Donnerons-nous!
Donnerez-vous?
Donneront-ils?

FUTUR ANTÉRIEUR.

Aurai-je donné?
Auras tu donné!
Aura-t-il donné?
Aurons-nous donné?
Aurez-vous donné?
Auront-ils donné?

CONDITIONNEL.

PRÉSENT.

Donnerais-je?
Donnerais-tu?
Donnerait-il?
Donnerions-nous?
Donneriez-vous?
Donneraient-ils.

PASSÉ.

Aurais-je donné?
Aurais-tu donné?
Aurait-il donné?
Aurions-nous donné?
Auriez-vous donné?
Auraient-ils donné?

Autre PASSÉ.

Eussé-je donné?
Eusses-tu donné?
Eût-il donné?
Eussions-nous donné?
Eussiez-vous donné?
Eussent-ils donné?

Conjuguez de même quelques verbes de la première conjugaison, en observant qu'un verbe ne peut se conjuguer ainsi que jusqu'au passé du conditionnel.

Seconde Conjugaison.

FINIR.

INDICATIF.

PRÉSENT.

Finis-je? (1)
Finis-tu?
Finit-il?
Finissons-nous?
Finissez-vous?
Finissent-ils?

IMPARFAIT.

Finissais-je?
Finissais-tu?
Finissait-il?
Finissions-nous?
Finissaient-ils?

PRÉTÉRIT DÉFINI.

Finis-je? (2)
Finis-tu?
Finit-il?
Finîmes-nous?
Finîtes-vous?
Finirent-ils?

PRÉTÉRIT INDÉFINI.

Ai-je fini?
As-tu fini?
A-t-il fini?
Avons-nous fini?
Avez-vous fini?
Ont-ils fini?

PRÉTÉRIT ANTÉRIEUR.

Eus-je fini?
Eus-tu fini?
Eut-il fini?
Eûmes-nous fini?
Eûtes-vous fini?
Eurent-ils fini?

PLUS-QUE-PARFAIT.

Avais-je fini?
Avais-tu fini?
Avait-il fini?
Avions-nous fini?
Aviez-vous fini?
Avaient-ils fini?

PRÉTÉRIT ANTÉRIEUR INDEF.

Ai-je eu fini?
As-tu eu fini?
A-t-il eu fini?
Avons-nous eu fini?
Avez-vous eu fini?
Ont-ils eu fini?

FUTUR.

Finirai-je?
Finiras-tu?
Finira-t-il?
Finirons-nous?
Finirez-vous?
Finiront-ils?

(1) Peu usité.

(2) Peu usité.

FUTUR ANTÉRIEUR.

Aurai-je fini ?
Auras-tu fini ?
Aura-t-il fini ?
Aurons-nous fini ?
Aurez-vous fini ?
Auront-ils fini?

CONDITIONNEL.

PRÉSENT.

Finirais-je ?
Finirais-tu?
Finirait-il?
Finirions-nous ?
Finiriez-vous ?
Finiraient-ils ?

IMPARFAIT.

Aurais-je fini?
Aurais-tu fini?
Aurait-il fini?
Aurions-nous fini?
Auriez-vous fini?
Auraient-ils fini?

autre PASSÉ.

Eussé-je fini?
Eusses-tu fini?
Eût-il fini?
Eussions-nous fini ?
Eussiez-vous fini?
Eussent-ils fini?

Conjuguez de même quelques verbes de la seconde conjugaison.

Troisième Conjugaison.

RECEVOIR.

INDICATIF.

PRÉSENT.

Reçois-je? (1)
Reçois-tu ?
Reçoit-il?
Recevons-nous ?
Recevez-vous?
Reçoivent-ils ?

IMPARFAIT.

Recevais-je ?
Recevais-tu ?
Recevait-il ?
Recevions-nous?
Receviez-vous ?
Recevaient-ils ?

PRÉTÉRIT DÉFINI.

Reçus-je ? (2)
Reçus-tu ?
Reçut-il?
Reçûmes-nous ?
Reçûtes-vous?
Reçurent-ils?

PRÉTÉRIT INDÉFINI.

Ai-je reçu?

(1) Peu usité.
(2) Peu usité.

As-tu reçu?
A-t-il reçu?
Avons-nous reçu?
Avez-vous reçu?
Ont-ils reçu?

PRÉTÉRIT ANTÉRIEUR.

Eus-je reçu?
Eus-tu reçu?
Eut-il reçu?
Eûmes-nous reçu?
Eûtes-vous reçu?
Eurent-ils reçu?

PLUS-QUE-PARFAIT.

Avais-je reçu?
Avais-tu reçu,
Avait-il reçu?
Avions-nous reçu?
Aviez-vous reçu?
Avaient-ils reçu?

FUTUR.

Recevrai-je?
Recevras-tu?
Recevra-t-il?
Recevrons-nous?
Recevrez-vous?
Recevront-ils?

FUTUR ANTÉRIEUR.

Aurai-je reçu?
Auras-tu reçu?
Aura-t-il reçu?
Aurons-nous reçu?
Aurez-vous reçu?
Auront-ils reçu?

CONDITIONNEL.

PRÉSENT.

Recevrais-je?
Recevrais-tu?
Recevrait-il?
Recevrions-nous?
Recevriez-vous?
Recevraient-ils?

PASSÉ.

Aurais-je reçu?
Aurais-tu reçu?
Aurait-il reçu?
Aurions-nous reçu?
Auriez-vous reçu?
Auraient-ils reçu?

Autre PASSÉ.

Eussé-je reçu?
Eusses-tu reçu?
Eût-il reçu?
Eussions-nous reçu?
Eussiez-vous reçu?
Eussent-ils reçu?

Conjuguez de même quelques verbes de la troisième conjugaison.

Quatrième conjugaison.

RENDRE.

INDICATIF.

PRÉSENT.

Rends-je? (1)
Rends-tu?
Rend-il?
Rendons-nous?
Rendez-vous?
Rendent-ils?

IMPARFAIT.

Rendais-je?
Rendais-tu?
Rendait-il?
Rendions-nous?
Rendiez-vous?
Rendaient-ils?

PRÉTÉRIT DÉFINI.

Rendis-je?
Rendis-tu?
Rendit-il?
Rendîmes-nous?
Rendîtes-vous?
Rendirent-ils?

PRÉTÉRIT INDÉFINI.

Ai-je rendu?
As-tu rendu?
A-t-il rendu?
Avons-nous rendu?
Avez-vous rendu?
Ont-ils rendu?

PRÉTÉRIT ANTÉRIEUR.

Eus-je rendu?
Eus-tu rendu?
Eut-il rendu?
Eûmes-nous rendu?
Eûtes-vous rendu?
Eurent-ils rendu?

PLUS-QUE-PARFAIT.

Avais-je rendu?
Avais-tu rendu?
Avait-il rendu?
Avions-nous rendu?
Aviez-vous rendu?
Avaient-ils rendu?

FUTUR.

Rendrai-je?
Rendras-tu?
Rendra-t-il?
Rendrons-nous?
Rendrez-vous?
Rendront-ils?

FUTUR ANTÉRIEUR.

Aurai-je rendu?
Auras-tu rendu?
Aura-t-il rendu?
Aurons-nous rendu?
Aurez-vous rendu?
Auront-ils rendu?

(1) Nous avons déjà fait remarquer que l'usage ne permet pas toujours cette manière d'interroger à la première personne et même à certains temps, parce que la prononciation en serait désagréable. On ne dit point *rends-je? vends-je? mens-je? perds-je? réponds-je? pars-je? cours je? dors-je?* quelquefois même, on ne serait pas entendu : on confondrait facilement *rends-je? vends-je? mens-je?* avec les impératifs *range, venge, mange.* Alors il faut prendre un autre tour.

CONDITIONNEL.

PRÉSENT.

Rendrais-je?
Rendrais-tu?
Rendrait-il?
Rendrions-nous?
Rendriez-vous?
Rendraient-ils?

PASSÉ.

Aurais-je rendu?
Aurais-tu rendu?
Aurait-il rendu?
Aurions-nous rendu?
Auriez-vous rendu?
Auraient-ils rendu?

Autre PASSÉ.

Eussé-je rendu?
Eusses-tu rendu?
Eût-il rendu?
Eussions-nous rendu?
Eussiez-vous rendu?
Eussent-ils rendu?

Conjuguez de même quelques verbes de la quatrième conjugaison.

CHAPITRE VI.

Conjugaison des Verbes passifs.

Il n'y a qu'une seule conjugaison pour tous les verbes passifs : c'est le verbe ÊTRE dans tous ses temps, auquel on ajoute le participe passé du verbe à régime direct qu'on veut mettre au passé; ce participe prend le genre et le nombre du sujet du verbe. On dit : *mon frère* EST AIMÉ, *ma sœur* EST AIMÉE; *mon habit* EST FAIT, *ma robe* EST FAITE; *le feu* EST ÉTEINT, *la bougie* EST ÉTEINTE.

Verbe passif ÊTRE AIMÉ.

INFINITIF.

PRÉSENT.

Masculin.	*Féminin.*
Être *aimé.*	Être *aimée.*

PRÉTÉRIT.

Masculin.	*Féminin.*
Avoir été *aimé.*	Avoir été *aimée.*

FUTUR.

Devant être *aimé.*	Devant être *aimée.*

PARTICIPE PRÉSENT.

Étant *aimé.*	Étant *aimée.*

PARTICIPE PASSÉ.

Ayant été *aimé.*	Ayant été *aimée.*

INDICATIF.

PRÉSENT.

Masculin.	*Féminin.*
Je suis *aimé* (1),	Je suis *aimée,*
Tu es *aimé,*	Tu es *aimée,*
Il est *aimé,*	Elle est *aimée,*
Nous sommes *aimés* (2),	Nous sommes *aimées* (2),
Vous êtes *aimés* (3),	Vous êtes *aimées* (3),
Ils sont *aimés.*	Elles sont *aimées.*

IMPARFAIT.

J'étais *aimé,*	J'étais *aimée,*
Tu étais *aimé,*	Tu étais *aimée,*
Il était *aimé,*	Elle était *aimée,*
Nous étions *aimés,*	Nous étions *aimées,*
Vous étiez *aimés,*	Vous étiez *aimées,*
Ils étaient *aimés.*	Elles étaient *aimées.*

(1) On ajoute un *e* muet au participe pour former le féminin.

(2) On ajoute un *s* au participe pour former le pluriel.

(3) Quand le pronom *nous* est employé pour le pronom *tu*, le participe reste au singulier. *Vous êtes aimé* ou *aimée.*

PRÉTÉRIT DÉFINI.

Masculin.	*Féminin.*
Je fus *aimé*,	Je fus *aimée*,
Tu fus *aimé*,	Tu fus *aimée*.
Il fut *aimé*,	Elle fut *aimée*,
Nous fûmes *aimés*,	Nous fûmes *aimées*,
Vous fûtes *aimés*,	Vous fûtes *aimées*,
Ils furent *aimés*.	Elles furent *aimées*.

PRÉTÉRIT INDÉFINI.

J'ai été *aimé*,	J'ai été *aimée*,
Tu as été *aimé*,	Tu as été *aimée*,
Il a été *aimé*,	Elle a été *aimée*,
Nous avons été *aimés*,	Nous avons été *aimées*,
Vous avez été *aimés*,	Vous avez été *aimées*,
Ils ont été *aimés*.	Elles ont été *aimées*.

PRÉTÉRIT ANTÉRIEUR.

J'eus été *aimé*,	J'eus été *aimée*,
Tu eus été *aimé*,	Tu eus été *aimée*,
Il eut été *aimé*,	Elle eut été *aimée*,
Nous eûmes été *aimés*,	Nous eûmes été *aimées*,
Vous eûtes été *aimés*,	Vous eûtes été *aimées*,
Ils eurent été *aimés*.	Elles eurent été *aimées*.

PLUS-QUE-PARFAIT.

J'avais été *aimé*,	J'avais été *aimée*,
Tu avais été *aimé*,	Tu avais été *aimée*,
Il avait été *aimé*,	Elle avait été *aimée*,
Nous avions été *aimés*,	Nous avions été *aimées*,
Vous aviez été *aimés*,	Vous aviez été *aimées*,
Ils avaient été *aimés*.	Elles avaient été *aimées*.

FUTUR.

Je serai *aimé*,	Je serai *aimée*,
Tu seras *aimé*,	Tu seras *aimée*,
Il sera *aimé*,	Elle sera *aimée*,
Nous serons *aimés*,	Nous serons *aimées*,
Vous serez *aimés*,	Vous serez *aimées*,
Ils seront *aimés*.	Elles seront *aimées*.

FUTUR ANTÉRIEUR.

Masculin.	*Féminin.*
J'aurai été *aimé*,	J'aurai été *aimée*,
Tu auras été *aimé*,	Tu auras été *aimée*,
Il aura été *aimé*,	Elle aura été *aimée*,
Nous aurons été *aimés*,	Nous aurons été *aimées*,
Vous aurez été *aimés*,	Vous aurez été *aimées*,
Ils auront été *aimés*.	Elles auront été *aimées*.

CONDITIONNEL.

PRÉSENT *ou* FUTUR.

Je serais *aimé*,	Je serais *aimée*,
Tu serais *aimé*,	Tu serais *aimée*,
Il serait *aimé*,	Elle serait *aimée*,
Nous serions *aimés*,	Nous serions *aimées*,
Vous seriez *aimés*,	Vous seriez *aimées*,
Ils seraient *aimés*.	Elles seraient *aimées*.

PASSÉ.

J'aurais été *aimé*,	J'aurais été *aimée*,
Tu aurais été *aimé*,	Tu aurais été *aimée*,
Il aurait été *aimé*,	Elle aurait été *aimée*,
Nous aurions été *aimés*,	Nous aurions été *aimées*,
Vous auriez été *aimés*,	Vous auriez été *aimées*,
Ils auraient été *aimés*.	Elles auraient été *aimées*.

Autrement.

J'eusse été *aimé*,	J'eusse été *aimée*,
Tu eusses été *aimé*,	Tu eusses été *aimée*,
Il eût été *aimé*,	Elle eût été *aimée*,
Nous eussions été *aimés*,	Nous eussions été *aimées*,
Vous eussiez été *aimés*,	Vous eussiez été *aimées*,
Ils eussent été *aimés*.	Elles eussent été *aimées*.

IMPÉRATIF.

PRÉSENT *ou* FUTUR.

Sois *aimé*,	Sois *aimée*,
Qu'il soit *aimé*,	Qu'elle soit *aimée*,
Soyons *aimés*,	Soyons *aimées*,
Soyez *aimés*,	Soyez *aimées*,
Qu'ils soient *aimés*.	Qu'elles soient *aimées*.

SUBJONCTIF.

PRÉSENT *ou* FUTUR.

Masculin.	*Féminin.*
Que je sois *aimé*,	Que je sois *aimée*,
Que tu sois *aimé*,	Que tu sois *aimée*,
Qu'il soit *aimé*,	Qu'elle soit *aimée*,
Que nous soyons *aimés*,	Que nous soyons *aimées*,
Que vous soyez *aimés*,	Que vous soyez *aimées*,
Qu'ils soient *aimés*.	Qu'elles soient *aimées*.

IMPARFAIT.

Que je fusse *aimé*,	Que je fusse *aimée*,
Que tu fusses *aimé*,	Que tu fusses *aimée*,
Qu'il fût *aimé*,	Qu'elle fût *aimée*,
Que nous fussions *aimés*,	Que nous fussions *aimées*,
Que vous fussiez *aimés*,	Que vous fussiez *aimées*,
Qu'ils fussent *aimés*.	Qu'elles fussent *aimées*.

PRÉTÉRIT.

Que j'aie été *aimé*,	Que j'aie été *aimée*,
Que tu aies été *aimé*,	Que tu aies été *aimée*,
Qu'il ait été *aimé*,	Qu'elle ait été *aimée*,
Que nous ayons été *aimés*,	Que nous ayons été *aimées*,
Que vous ayez été *aimés*,	Que vous ayez été *aimées*,
Qu'ils aient été *aimés*.	Qu'elles aient été *aimées*.

PLUS-QUE-PARFAIT.

Que j'eusse été *aimé*,	Que j'eusse été *aimée*,
Que tu eusses été *aimé*,	Que tu eusses été *aimée*,
Qu'il eût été *aimé*;	Qu'elle eût été *aimée*,
Que nous eussions été *aimés*,	Que nous eussions été *aimées*,
Que vous eussiez été *aimés*,	Que vous eussiez été *aimées*,
Qu'ils eussent été *aimés*.	Qu'elles eussent été *aimées*.

Il faut conjuguer de même les verbes passifs suivants : *être loué*, *être admiré*, *être guéri*, *être averti*, *être puni*, *être reçu*, *être aperçu*, *être lu*, *être entendu*, *être satisfait*, *être pris*, etc.

Mais comme cette manière de conjuguer pourrait paraître fort longue, on peut se dispenser de faire le masculin et le féminin à la fois : on conjugue un verbe passif au masculin, dans tous ses temps, et une autre fois on en conjugue un autre au féminin.

CHAPITRE VII.

Verbes à régimes indirects.

Nous avons dit qu'on appelle *verbe à régimes indirects* celui après lequel on ne peut pas mettre *quelqu'un, quelque chose;* la plupart des grammairiens l'appellent *verbe neutre.*

La plupart des verbes à régimes indirects se conjuguent, comme les verbes à régime direct, avec l'auxiliaire *avoir*, comme *marcher*, *dormir*, *languir*, qui font *j'ai marché*, *j'ai dormi*, *j'ai langui;* alors ces verbes se conjuguent comme *aimer*, *finir*, *recevoir*, *rendre*. La seule différence qu'il y ait entre le verbe à régime direct et le verbe à régimes indirects qui prend l'auxiliaire *avoir*, c'est que le participe passé du verbe à régime direct peut toujours devenir adjectif, au lieu que le participé passé du verbe a régimes indirects qui prend *avoir* est un mot invariable. On dit fort bien *une personne* AIMÉE, *un travail* FINI, *des enfants* CHÉRIS, *des plumes* TAILLÉES : alors les participes *aimé*, *fini*, *chéri*, *taillé*, sont susceptibles de genre et de nombre ; mais on ne dirait pas de même *une personne* ou *une chose* MARCHÉE, *une personne* ou *une chose* LANGUIE, *une personne* ou *une chose* DORMIE : alors les participes *marché*, *langui*, *dormi*, sont des mots invariables ; et en conjuguant ces sortes de verbes on doit écrire le participe au masculin seulement.

Modèle de conjugaison pour les Verbes à régimes indirects qui prennent l'auxiliaire ÊTRE.

ARRIVER.

INFINITIF.

PRÉSENT.

Masculin.	*Féminin.*
Arriver.	Arriver.

PRÉTÉRIT.

Être *arrivé.*	Être *arrivée.*

FUTUR.

Devant arriver.	Devant arriver.

PARTICIPE PRÉSENT.

Arrivant.	Arrivant.

PARTICIPE PASSÉ.

Arrivé, étant *arrivé.*	*Arrivée*, étant *arrivée.*

INDICATIF.

PRÉSENT, *masculin* et *féminin.*

J'arrive, tu arrives, il *ou* elle arrive,
Nous arrivons, vous arrivez, ils *ou* elles arrivent.

IMPARFAIT, *masculin* et *féminin.*

J'arrivais, tu arrivais, il *ou* elle arrivait,
Nous arrivions, vous arriviez, ils *ou* elles arrivaient.

PRÉTÉRIT DÉFINI, *masculin* et *féminin.*

J'arrivai, tu arrivas, il *ou* elle arriva,
Nous arrivâmes, vous arrivâtes, ils *ou* elles arrivèrent.

PRÉTÉRIT INDÉFINI.

Masculin.	*Féminin.*
Je suis *arrivé*,	Je suis *arrivée*,
Tu es *arrivé*,	Tu es *arrivée*,

Masculin.	*Féminin.*
Il est *arrivé*,	Elle est *arrivée*,
Nous sommes *arrivés*,	Nous sommes *arrivées*,
Vous êtes *arrivés*,	Vous êtes *arrivées*,
Ils sont *arrivés*.	Elles sont *arrivées*.

PRÉTÉRIT ANTÉRIEUR.

Je fus *arrivé*,	Je fus *arrivée*,
Tu fus *arrivé*,	Tu fus *arrivée*,
Il fut *arrivé*,	Elle fut *arrivée*,
Nous fûmes *arrivés*,	Nous fûmes *arrivées*,
Vous fûtes *arrivés*,	Vous fûtes *arrivées*,
Ils furent *arrivés*.	Elles furent *arrivées*.

PLUS-QUE-PARFAIT.

J'étais *arrivé*,	J'étais *arrivée*,
Tu étais *arrivé*,	Tu étais *arrivée*,
Il était *arrivé*,	Elle était *arrivée*,
Nous étions *arrivés*,	Nous étions *arrivées*,
Vous étiez *arrivés*,	Vous étiez *arrivées*,
Ils étaient *arrivés*.	Elles étaient *arrivées*.

FUTUR, *masculin* et *féminin*.

J'arriverai, tu arriveras, il *ou* elle arrivera,
Nous arriverons, vous arriverez, ils *ou* elles arriveront.

FUTUR ANTÉRIEUR.

Je serai *arrivé*,	Je serai *arrivée*.
Tu seras *arrivé*,	Tu seras *arrivée*,
Il sera *arrivé*,	Elle sera *arrivée*,
Nous serons *arrivés*,	Nous serons *arrivées*,
Vous serez *arrivés*,	Vous serez *arrivées*,
Ils seront *arrivés*.	Elles seront *arrivées*.

CONDITIONNEL.

PRÉSENT, *masculin* et *féminin*.

J'arriverais, tu arriverais, il *ou* elle arriverait,
Nous arriverions, vous arriveriez, ils *ou* elles arriveraient.

PASSÉ.

Masculin.	*Féminin.*
Je serais *arrivé*,	Je serais *arrivée*,
Tu serais *arrivé*,	Tu serais *arrivée*,
Il serait *arrivé*,	Elle serait *arrivée*,

Masculin.	*Féminin.*
Nous serions *arrivés*,	Nous serions *arrivées*,
Vous seriez *arrivés*,	Vous seriez *arrivées*,
Ils seraient *arrivés*.	Elles seraient *arrivées*.

Autrement.

Je fusse *arrivé*,	Je fusse *arrivée*,
Tu fusses *arrivé*,	Tu fusses *arrivée*,
Il fût *arrivé*,	Elle fût *arrivée*,
Nous fussions *arrivés*,	Nous fussions *arrivées*,
Vous fussiez *arrivés*,	Vous fussiez *arrivées*,
Ils fussent *arrivés*.	Elles fussent *arrivées*.

IMPÉRATIF.

Masculin et *féminin.*

Arrive, qu'il *ou* qu'elle arrive,
Arrivons, arrivez, qu'ils *ou* qu'elles arrivent.

SUBJONCTIF.

PRÉSENT, *masculin* et *féminin.*

Que j'arrive, que tu arrives, qu'il *ou* qu'elle arrive,
Que nous arrivions, que vous arriviez, qu'ils *ou* qu'elles arrivent.

IMPARFAIT, *masculin* et *féminin.*

Que j'arrivasse, que tu arrivasses, qu'il *ou* qu'elle arrivât,
Que nous arrivassions, que vous arrivassiez, qu'ils *ou* qu'elles arrivassent.

PRÉTÉRIT.

Masculin.	*Féminin.*
Que je sois *arrivé*,	Que je sois *arrivée*,
Que tu sois *arrivé*,	Que tu sois *arrivée*,
Qu'il soit *arrivé*,	Qu'elle soit *arrivée*,
Que nous soyons *arrivés*,	Que nous soyons *arrivées*,
Que vous soyez *arrivés*,	Que vous soyez *arrivées*,
Qu'ils soient *arrivés*.	Qu'elles soient *arrivées*.

PLUS-QUE-PARFAIT.

Que je fusse *arrivé*,	Que je fusse *arrivée*,
Que tu fusses *arrivé*,	Que tu fusses *arrivée*,
Qu'il fût *arrivé*,	Qu'elle fût *arrivée*,
Que nous fussions *arrivés*,	Que nous fussions *arrivées*,
Que vous fussiez *arrivés*,	Que vous fussiez *arrivées*,
Qu'ils fussent *arrivés*.	Qu'elles fussent *arrivées*.

On peut conjuguer de même les verbes suivants : *monter*, *tomber*, *passer*, *rester*, *décéder*, *aller*, *entrer*, *descendre*, et tous les verbes à régimes indirects qui prennent l'auxiliaire *être*.

CHAPITRE VIII.

Verbes pronominaux.

Les *verbes pronominaux* se conjuguent dans leurs temps simples comme les verbes de la conjugaison à laquelle ils appartiennent, et dans leurs temps composés comme le verbe *arriver*, avec l'auxiliaire *être*.

Modèle de conjugaison pour les Verbes pronominaux.

SE FACHER.

(Verbe régulier réfléchi.)

INFINITIF.

PRÉSENT.

Masculin.	*Féminin.*
Se fâcher.	Se fâcher.

PARTICIPE PRÉSENT.

Se fâchant.	Se fâchant.

PARTICIPE PASSÉ.

S'être fâché.	S'être fâchée.

PRÉTÉRIT.

S'être fâché.	S'être fâchée.

FUTUR.

Devant se fâcher.	Devant se fâcher.

INDICATIF.

PRÉSENT.

Je me fâche, tu te fâches, il *ou* elle se fâche,
Nous nous fâchons, vous vous fâchez, ils *ou* elles se fâchent.

IMPARFAIT.

Je me fâchais, tu te fâchais, il *ou* elle se fâchait,
Nous nous fâchions, vous vous fâchiez, ils *ou* elles se fâchaient.

PRÉTÉRIT DÉFINI.

Je me fâchai, tu te fâchas, il *ou* elle se fâcha,
Nous nous fâchâmes, vous vous fâchâtes, ils *ou* elles se fâchèrent.

PRÉTÉRIT INDÉFINI (1).

Masculin.	*Féminin.*
Je me suis *fâché*,	Je me suis *fâchée*,
Tu t'es *fâché*,	Tu t'es *fâchée*,
Il s'est *fâché*,	Elle s'est *fâchée*,
Nous nous sommes *fâchés*,	Nous nous sommes *fâchées*,
Vous vous êtes *fâchés*,	Vous vous êtes *fâchées*,
Ils se sont *fâchés*.	Elles se sont *fâchées*.

PRÉTÉRIT ANTÉRIEUR.

Quand, lorsque

Je me fus *fâché*,	Je me fus *fâchée*,
Tu te fus *fâché*,	Tu te fus *fâchée*,
Il se fut *fâché*,	Elle se fut *fâchée*,
Nous nous fûmes *fâchés*,	Nous nous fûmes *fâchées*,
Vous vous fûtes *fâchés*,	Vous vous fûtes *fâchées*,
Ils se furent *fâchés*.	Elles se furent *fâchées*.

PLUS-QUE-PARFAIT.

Je m'étais *fâché*,	Je m'étais *fâchée*,
Tu t'étais *fâché*,	Tu t'étais *fâchée*,
Il s'était *fâché*,	Elle s'était *fâchée*,
Nous nous étions *fâchés*,	Nous nous étions *fâchées*,
Vous vous étiez *fâchés*,	Vous vous étiez *fâchées*,
Ils s'étaient *fâchés*.	Elles s'étaient *fâchées*.

(1) Dans les verbes *pronominaux réfléchis*, le participe est un véritable adjectif : il varie en genre comme en nombre. Nous donnons donc un exemple masculin et un féminin dans toute la conjugaison.

FUTUR.

Je me fâcherai, tu te fâcheras, il *ou* elle se fâchera,
Nous nous fâcherons, vous vous fâcherez, ils *ou* elles se fâcheront.

FUTUR ANTÉRIEUR.

Quand, lorsque

Masculin.	*Féminin.*
Je me serai *fâché*,	Je me serai *fâchée*,
Tu te seras *fâché*,	Tu te seras *fâchée*,
Il se sera *fâché*,	Elle se sera *fâchée*,
Nous nous serons *fâchés*,	Nous nous serons *fâchées*,
Vous vous serez *fâchés*,	Vous vous serez *fâchées*,
Ils se seront *fâchés*.	Elles se seront *fâchées*.

CONDITIONNEL.

PRÉSENT.

Je me fâcherais, tu te fâcherais, il *ou* elle se fâcherait,
Nous nous fâcherions, vous vous fâcheriez, ils *ou* elles se fâcheraient.

PASSÉ.

Je me serais *fâché*,	Je me serais *fâchée*,
Tu te serais *fâché*,	Tu te serais *fâchée*,
Il se serait *fâché*,	Elle se serait *fâchée*,
Nous nous serions *fâchés*,	Nous nous serions *fâchées*,
Vous vous seriez *fâchés*,	Vous vous seriez *fâchées*,
Ils se seraient *fâchés*.	Elles se seraient *fâchées*.

Autrement.

Je me fusse *fâché*,	Je me fusse *fâchée*,
Tu te fusses *fâché*,	Tu te fusses *fâchée*,
Il se fût *fâché*,	Elle se fût *fâchée*,
Nous nous fussions *fâchés*,	Nous nous fussions *fâchées*,
Vous vous fussiez *fâchés*,	Vous vous fussiez *fâchées*,
Ils se fussent *fâchés*.	Elles se fussent *fâchées*.

IMPÉRATIF.

Fâche-toi, qu'il *ou* qu'elle se fâche,
Fâchons-nous, fâchez-vous, qu'ils *ou* qu'elles se fâchent.

SUBJONCTIF.

PRÉSENT.

Que je me fâche, que tu te fâches, qu'il *ou* qu'elle se fâche,
Que nous nous fâchions, que vous vous fâchiez, qu'ils *ou* qu'elles se fâchent.

IMPARFAIT.

Que je me fâchasse, que tu te fâchasses, qu'il ou qu'elle se fâchât,
Que nous nous fâchassions, que vous vous fâchassiez, qu'ils *ou* qu'elles se fâchassent.

PRÉTÉRIT.

Masculin.	*Féminin.*
Que je me sois *fâché*,	Que je me sois *fâchée*,
Que tu te sois *fâché*,	Que tu te sois *fâchée*,
Qu'il se soit *fâché*,	Qu'elle se soit *fâchée*,
Que nous nous soyons *fâchés*,	Que nous nous soyons *fâchées*,
Que vous vous soyez *fâchés*,	Que vous vous soyez *fâchées*;
Qu'ils se soient *fâchés*.	Qu'elles se soient *fâchées*.

PLUS-QUE-PARFAIT.

Que je me fusse *fâché*,	Que je me fusse *fâchée*,
Que tu te fusses *fâché*,	Que tu te fusses *fâchée*,
Qu'il se fût *fâché*,	Qu'elle se fût *fâchée*,
Que nous nous fussions *fâchés*,	Que nous nous fussions *fâchées*,
Que vous vous fussiez *fâchés*,	Que vous vous fussiez *fâchées*,
Qu'ils se fussent *fâchés*.	Qu'elles se fussent *fâchées*.

Il faut conjuguer de même les verbes suivants : *se promener*, *se tourner*, *se reposer*, *s'habiller*, *se blesser*, *se coucher*, *se tromper*, *se guérir*, *se divertir*, *se convertir*, *se nourrir*, *se rendre*, *se vendre*, *s'entendre*, *se perdre*, *se mordre*, *se donner*, etc.

Les verbes pronominaux qui ne marquent pas le rapport immédiat d'une personne à elle-même, et qui par conséquent ne sont pas des verbes réfléchis, se conjuguent, de même que les verbes réfléchis, avec l'auxiliaire *être*; mais ils n'ont pas deux conjugaisons pour le même temps composé : tels sont *se nuire*, *se donner* (dans certains cas), *se rire*, *se faire*, (en devoir), etc., qui, à leurs temps composés, s'écrivent au féminin comme au masculin. Nous prendrons pour exemple le verbe *se donner*, dans le cas où il ne signifie pas *donner soi*, mais *donner quelque chose à soi;* et *se nuire*, qui est toujours un verbe à régimes indirects.

Nous ne donnerons ici qu'une personne de quelques-uns des temps composés.

Verbe SE DONNER.

PRÉTÉRIT INDÉFINI.

Masculin et féminin.

Je me suis donné — une robe.

Pluriel.

Nous nous sommes donné — une robe.

FUTUR ANTÉRIEUR.

Masculin et féminin.

Il *ou* elle se sera donné — la fièvre.

Pluriel.

Vous vous serez donné — une entorse.

PRÉTÉRIT DU SUBJONCTIF.

Masculin et féminin.

Il faut que tu te sois donné — un mauvais point.

Pluriel.

Je crains qu'elles ne se soient donné — mal à la tête.

Verbe SE NUIRE (1).

PRÉTÉRIT ANTÉRIEUR.

Masculin et féminin.

Il *ou* elle s'est nui.

Pluriel.

Nous nous sommes nui.

CONDITIONNEL PASSÉ.

Masculin et féminin.

Il *ou* elle se serait nui.

(1) Ainsi que plusieurs autres verbes à régimes indirects, le verbe *se nuire* est complet par lui-même, et n'a pas besoin d'autre complément que le pronom *se* : tels sont encore *se plaire*, *se succéder*, etc.

Pluriel.

Ils *ou* elles se seraient nui.

PLUS-QUE-PARFAIT DU SUBJONCTIF.

Masculin et féminin.

Qu'il *ou* qu'elle se fût nui.

Pluriel.

Que nous nous fussions nui.

Les *verbes pronominaux réciproques* se conjuguent comme les verbes pronominaux et comme les verbes réfléchis au mode infinitif; dans les autres modes, ils n'ont que les trois personnes plurielles.

INDICATIF PRÉSENT.	PRÉTÉRIT INDÉFINI.
Nous nous querellons,	Nous nous sommes querellés,
Vous vous querellez,	Vous vous êtes injuriés,
Ils se querellent.	Ils se sont insultés.

CHAPITRE IX.

Verbes impersonnels.

Nous avons dit que le verbe impersonnel est celui qui ne s'emploie qu'à la troisième personne du singulier.

FALLOIR (*Verbe irrégulier*).

INFINITIF.

PRÉSENT.................. Falloir.
PRÉTÉRIT.................. *Hors d'usage.*
PARTICIPE PRÉSENT......... *Hors d'usage.*
PARTICIPE PASSÉ.......... Fallu, ayant fallu.
FUTUR.................... Devant falloir.

INDICATIF.

PRÉSENT.................. Il faut.

IMPARFAIT.	Il fallait.
PRÉTÉRIT DÉFINI.	Il fallut.
PRÉTÉRIT INDÉFINI.	Il a fallu.
PRÉTÉRIT ANTÉRIEUR.	Il eût fallu.
PRÉTÉRIT ANTÉRIEUR INDÉF. .	Il a eu fallu (1).
PLUS-QUE-PARFAIT.	Il avait fallu.
FUTUR.	Il faudra.
FUTUR ANTÉRIEUR.	Il aura fallu.

CONDITIONNEL.

PRÉSENT.	Il faudrait.
PASSÉ.	Il aurait *ou* il eût fallu.

Point d'impératif.

SUBJONCTIF.

PRÉSENT OU FUTUR.	Qu'il faille.
IMPARFAIT.	Qu'il fallût.
PRÉTÉRIT.	Qu'il ait fallu.
PLUS-QUE-PARFAIT.	Qu'il eût fallu.

Conjuguez de même les verbes suivants : *il pleut, il neige, il grêle, il tonne, il importe,* et les verbes qui ne sont qu'accidentellement impersonnels.

Auxiliaires DEVOIR, FAIRE, ALLER, VENIR DE.

Nous avons dit que les verbes *devoir, faire, aller, venir de,* et quelques autres, sont regardés par plusieurs grammairiens comme faisant quelquefois la fonction d'auxiliaires; mais ce sont ces verbes-là qui sont réellement conjugués, et non le verbe qu'ils accompagnent, celui-ci restant toujours à l'infinitif.

EXEMPLES :

Devoir partir.	Je dois partir.
Devant partir.	Je devais partir.

(1) Peu usité.

Aller voir.	J'ai fait marcher.
Je vais voir.	Je ferai marcher.
J'irai voir.	Venir de courir.
J'irais voir.	Je viens de courir.
Faire marcher — un enfant.	Je venais de courir.
Je fais marcher.	

Devoir et *faire* s'emploient également pour marquer un passé, un présent et un futur, *aller*, s'emploie pour un futur seulement; *venir de*, pour un passé.

Avant de passer outre, il convient d'obliger l'élève à conjuguer sans faute une grande quantité de verbes; mais souvent les enfants s'habituent à cette conjugaison routinière, et ne peuvent ensuite en faire l'application quand ils retrouvent un temps de verbe joint à d'autres membres de phrase. Pour obvier à cet inconvénient, nous nous sommes servis avec beaucoup de succès des verbes composés, dans lesquels nous obligeons l'élève à changer de verbe à chaque temps, et à ajouter à ce verbe un régime qui lui convienne et qui varie continuellement. Voici quelques temps d'un verbe ainsi conjugué :

Conjugaison des Verbes composés.

MODE INFINITIF.

PRÉSENT.

Regarder — passer un cortége.

PARTICIPE PRÉSENT.

Trouvant— du plaisir à lire, etc.

PARTICIPE PASSÉ.

Fini, finie.

PRÉTÉRIT.

Avoir souffert — sans se plaindre.

PARTICIPE PASSÉ RELATIF.

Ayant reçu — une injure, je l'oublie.

FUTUR.

Devant recevoir — mes amis, je m'habille.

MODE INDICATIF.

PRÉSENT.

Je chante — une romance.
Tu varies — tes plaisirs.
Il aperçoit — un ami.
Nous prenons — le thé.
Vous comprenez — vos devoirs.
Ils abusent — de leur force.

IMPARFAIT.

Je cueillais — une fleur.

PRÉTÉRIT DÉFINI.

Je conçus — beaucoup de chagrin de cette mort.

PRÉTÉRIT INDÉFINI.

Tu as regardé — dans ton livre.

PRÉTÉRIT ANTÉRIEUR.

Il eut fini — hier de bonne heure.

PLUS-QUE-PARFAIT.

Nous avions soutenu — notre droit.

PRÉTÉRIT ANTÉRIEUR INDÉF.

Vous avez eu dîné — avant nous.

FUTUR.

Il courra — dans la campagne.

FUTUR ANTÉRIEUR.

Il aura terminé sa tâche à cinq heures.

MODE CONDITIONNEL.

PRÉSENT.

Tu appuierais — ma pétition si tu le pouvais.

PASSÉ.

Tu aurais *ou* tu eusses payé — sans moi.

MODE IMPÉRATIF.

Coupez — ces mauvaises herbes.
Arrachons-nous — de ces lieux.

. . . .

MODE SUBJONCTIF (1).

PRÉSENT.

Il faut que je sorte — pour mes affaires.
Je désire que tu viennes — promptement.
Je veux qu'il écoute — mes avis.

. . . .

IMPARFAIT.

Il voulait que je le suivisse — à la campagne (2).
Je désirerais que tu vinsses — de bonne heure.
Il fallait qu'il écoutât — mes remontrances.
Vous voudriez que nous allassions — promener.
Ils ont prié que tu les attendisses — un instant.
J'avais supplié qu'ils achetassent ces livres — chez mon libraire.

(1) Les temps du subjonctif étant beaucoup plus difficiles à conjuguer que les autres, à raison de la concordance, il sera bien d'exiger que l'élève en fasse une certaine quantité, et qu'il remarque dans quel cas il faut se servir de tel ou tel temps du subjonctif.

(2) On fera remarquer à l'élève que, pour les deux premières personnes, les temps du subjonctif ne sont pas à la même personne que le verbe avec lequel elles sont en concordance.

CHAPITRE X.

Formation des Temps des Verbes.

Nous avons vu que les temps des verbes sont simples ou composés, primitifs ou dérivés; nous allons donner un tableau de la formation de ces temps, en prenant pour exemples un verbe à régime direct, un verbe à régimes indirects et un verbe pronominal.

TABLEAU DE LA FORMATION DES TEMPS DANS LES VERBES RÉGULIERS.

DONNER,	PARTIR,	SE DÉFENDRE,	
Verbe à régime direct de la première conjugaison.	Verbe à régimes indirects de la seconde conjugaison.	Verbe pronominal réfléchi de la quatrième conjugaison.	
INFINITIF, *premier mode.* PRÉSENT, *temps simple et primitif.*			
Donner.	Partir.	Se défendre.	Du présent de l'infinitif on forme le futur de l'indicatif en changeant la finale R ou la finale RE en RAI (voyez le *futur*); et le conditionnel en changeant R ou RE en RAIS. (Voyez le *conditionnel.*)

PARTICIPE PRÉSENT, *temps simple et primitif.*

Donnant.	Partant.	Se défendant. . . .	Du participe présent on forme le pluriel du présent de l'indicatif, l'imparfait de l'indicatif, et le présent du subjonctif. (Voyez ces trois temps.)

PARTICIPE PASSÉ, *temps simple et primitif.*

Donné.	Parti.	S'être défendu. . . .	Du participe passé on forme tous les temps composés à l'aide des auxiliaires *avoir* et *être*.

PRÉTÉRIT, *temps composé et dérivé.*

Avoir donné.	Être parti.	S'être défendu. . . .	Le prétérit de l'infinitif se forme du présent de l'infinitif du verbe *avoir* ou du présent de l'infinitif du verbe *être*, et du participe du verbe que l'on conjugue.

PARTICIPE PASSÉ *relatif, temps composé et dérivé.*

Ayant donné.	Étant parti.	S'étant défendu. . . .	Ce temps se forme du participe présent du verbe *avoir* ou du participe présent du verbe *être*, et du participe du verbe que l'on conjugue.

FUTUR, *temps composé et dérivé.*

Devant donner.	Devant partir.	Devant se défendre. .	Ce temps se forme du participe présent du verbe *devoir* et du présent de l'infinitif du verbe que l'on conjugue.

NDICATIF, *second mode.*

PRÉSENT, *temps simple et primitif.*

Je donne.	Je pars.	Je me défends.	De la première personne du présent de l'indicatif on forme la seconde personne singulière de l'impératif en ôtant seulement le pronom JE (1).
Tu donnes.	Tu pars.	Tu te défends.	Quand la première personne est terminée par un E muet, on y ajoute S pour former la seconde personne; et quand la première personne est terminée par S ou par X, la seconde est semblable à la première.

(1) Excepté cinq verbes seulement : j'*ai*, impératif *aie;* je *suis*, impératif *sois;* je *vais*, impératif *va;* je *sais*, impératif *sache;* je *veux*, impératif *veuille.*

Il donne.	Il part.	Il se défend.	Quand la première personne d'un verbe est terminée par un E muet, la troisième personne est semblable à la première (1) ; et quand la première personne est terminée par S ou par X, la troisième est terminée par T, par D, quelquefois par C : *il vainc, il convainc.*
Nous donnons, Vous donnez, Ils donnent.	Nous partons, Vous partez, Ils partent.	Nous nous défendons, Vous vous défendez, Ils se défendent.	Les trois personnes plurielles du présent de l'indicatif se forment du participe présent, en changeant la finale ANT en ONS à la première personne, en EZ à la seconde, et en ENT à la troisième.

(1) Excepté à l'imparfait du subjonctif : que je *donnasse*, que tu *donnasses*, qu'il *donnât* ; que je *partisse*, que tu *partisses*, qu'il *partît*.

IMPARFAIT OU PASSÉ SIMULTANÉ, *temps simple et dérivé.*

Je donnais,	Je partais,	Je me défendais,
Tu donnais,	Tu partais,	Tu te défendais,
Il donnait,	Il partait,	Il se défendait,
Nous donnions,	Nous partions,	Nous nous défendions,
Vous donniez,	Vous partiez,	Vous vous défendiez,
Ils donnaient.	Ils partaient.	Ils se défendaient.

L'imparfait de l'indicatif se forme du participe présent, en changeant la finale ANT en AIS, AIS, AIT, au singulier, et en IONS, IEZ, AIENT, au pluriel. Cette finale convient à l'imparfait de tous les verbes en général.

PRÉTÉRIT DÉFINI, *temps simple et primitif.*

Je donnai,	Je partis,	Je me défendis,
Tu donnas,	Tu partis,	Tu te défendis,
Il donna,	Il partit,	Il se défendit,
Nous donnâmes,	Nous partîmes,	Nous nous défendîmes,
Vous donnâtes,	Vous partîtes,	Vous vous défendîtes,
Ils donnèrent.	Ils partirent.	Ils se défendirent.

Du prétérit défini on forme l'imparfait du subjonctif, en changeant la finale AIT en ASSE dans la première conjugaison seulement, et en ajoutant SE au prétérit défini dans tous les verbes des trois autres conjugaisons (1). Cette règle est si générale, qu'un verbe qui n'a point de prétérit défini n'a point d'imparfait du subjonctif.

(1) Il n'est question ici que de la première personne ; mais, connaissant la première personne d'un verbe, on connaît toutes les autres.

PRÉTÉRIT INDÉFINI, *temps composé.*

J'ai donné,	Je suis parti,	Je me suis défendu,	Le prétérit indéfini se forme du présent de l'indicatif du verbe *avoir*, ou du présent de l'indicatif du verbe *être*, et du participe passé du verbe que l'on conjugue.
Tu as donné,	Tu es parti,	Tu t'es défendu,	
Il a donné,	Il est parti,	Il s'est défendu,	
Nous avons donné,	Nous sommes partis,	Nous n. sommes déf.,	
Vous avez donné,	Vous êtes partis,	Vous v. êtes défend.,	
Ils ont donné.	Ils sont partis.	Ils se sont défendus.	

Les temps composés ne sont pas primitifs, mais on ne peut pas dire non plus qu'ils sont dérivés, ce mot voulant dire : *venir de ;* les temps composés ne viennent d'aucun autre : ils se forment à l'aide de temps déjà connus.

FUTUR ANTÉRIEUR, *temps composé.*

Quand, lorsque, dès que, aussitôt que

J'eus donné,	Je fus parti,	Je me fus défendu,	Le prétérit antérieur se forme du prétérit défini du verbe *avoir*, ou du prétérit défini du verbe *être*, et du participe passé du verbe que l'on conjugue.
Tu eus donné,	Tu fus parti,	Tu te fus défendu,	
Il eut donné,	Il fut parti,	Il se fut défendu,	
Nous eûmes donné,	Nous fûmes partis,	Nous n. fûmes défend.,	
Vous eûtes donné,	Vous fûtes partis,	Vous v. fûtes défend.,	
Ils eurent donné.	Ils furent partis.	Ils se furent défendus.	

PLUS-QUE-PARFAIT, *temps composé.*

J'avais donné,	J'étais parti,	Je m'étais défendu,	Le plus-que-parfait de l'indicatif se forme de l'imparfait de l'indicatif du verbe *avoir*, ou de l'imparfait de l'indicatif du verbe *être*, et du participe passé du verbe que l'on conjugue.
Tu avais donné,	Tu étais parti,	Tu t'étais défendu,	
Il avait donné,	Il était parti,	Il s'était défendu,	
Nous avions donné,	Nous étions partis,	Nous n. étions défend.	
Vous aviez donné,	Vous étiez partis,	Vous v. étiez défend.,	
Ils avaient donné.	Ils étaient partis.	Ils s'étaient défendus.	

PRÉTÉRIT ANTÉRIEUR, *indéfini, temps surcomposé.*

J'ai eu donné,	Le verbe *partir* et le verbe *se défendre* se conjuguant avec le verbe *être* n'ont point de prétérit antérieur indéfini.	Le prétérit antérieur indéfini se forme du prétérit indéfini du verbe *avoir*, et du participe passé du verbe que l'on conjugue.
Tu as eu donné,		
Il a eu donné,		
Nous avons eu donné,		
Vous avez eu donné,		
Ils ont eu donné.		

FUTUR, *temps simple et dérivé.*

Je donnerai,	Je partirai,	Je me défendrai,	Le futur simple de l'indicatif se forme du présent de l'infinitif, en changeant la finale R, ou la finale RE, en RAI, RAS, RA, au singulier, et en RONS, REZ, RONT, au pluriel. Cette finale convient au futur de tous les verbes sans exception.
Tu donneras,	Tu partiras,	Tu te défendras,	
Il donnera,	Il partira,	Il se défendra,	
Nous donnerons,	Nous partirons,	Nous nous défendrons,	
Vous donnerez,	Vous partirez,	Vous vous défendrez,	
Ils donneront.	Ils partiront.	Ils se.défendront.	

FUTUR ANTÉRIEUR, *temps composé.*

Quand, lorsque, dès que, aussitôt que

J'aurai donné, Tu auras donné, Il aura donné, Nous aurons donné, Vous aurez donné, Ils auront donné.	Je serai parti, Tu seras parti, Il sera parti, Nous serons partis, Vous serez partis, Ils seront partis.	Je me serai défendu, Tu te seras défendu, Il se sera défendu, Nous n. serons déf., Vous v. serez défendus, Ils se seront défendus.	Le futur antérieur se forme du futur simple du verbe *avoir*, ou du futur simple du verbe *être*, et du participe passé du verbe que l'on conjugue.

CONDITIONNEL, *troisième mode,*

PRÉSENT OU FUTUR, *temps simple et dérivé.*

Je donnerais, Tu donnerais, Il donnerait, Nous donnerions, Vous donneriez, Ils donneraient.	Je partirais, Tu partirais, Il partirait, Nous partirions, Vous partiriez, Ils partiraient.	Je me défendrais, Tu te défendrais, Il se défendrait, Nous nous défendrions, Vous vous défendriez, Ils se défendraient.	Le présent du conditionnel se forme de l'infinitif en changeant la finale R ou la finale RE en RAIS, RAIS, RAIT, RIONS, RIEZ, RAIENT. On peut dire aussi que le conditionnel se forme du futur en changeant RAI, RAS, RA, RONS, REZ, RONT, en RAIS, RAIS, RAIT, RIONS, RIEZ, RAIENT. Cette règle ne souffre aucune exception.

PASSÉ, *temps composé.*

J'aurais donné, Tu aurais donné, Il aurait donné, Nous aurions donné, Vous auriez donné, Ils auraient donné.	Je serais parti, Tu serais parti, Il serait parti, Nous serions partis, Vous seriez partis, Ils seraient partis.	Je me serais défendu, Tu te serais défendu, Il se serait défendu, Nous n. serions déf., Vous v. seriez défen., Ils se seraient défendus.	Le passé du conditionnel se forme du présent du conditionnel du verbe *avoir*, ou du présent du conditionnel du verbe *être*, et du participe passé du verbe que l'on conjugue.

Autre PASSÉ.

J'eusse donné, Tu eusses donné, Il eût donné, Nous eussions donné, Vous eussiez donné, Ils eussent donné.	Je fusse parti, Tu fusses parti, Il fût parti, Nous fussions partis, Vous fussiez partis, Ils fussent partis.	Je me fusse défendu, Tu te fusses défendu, Il se fût défendu, Nous n. fussions déf., Vous v. fussiez déf., Ils se fussent défendus.	Cette seconde manière d'exprimer le passé du conditionnel se forme de l'imparfait du subjonctif du verbe *avoir*, ou de l'imparfait du subjonctif du verbe *être*, et du participe passé du verbe que l'on conjugue.

IMPÉRATIF, *quatrième mode.*

PRÉSENT OU FUTUR, *simple ou dérivé,*

Point de première personne au singulier.

Donne.	Pars.	Défends-toi.	La seconde personne singulière de l'impératif se forme de la première personne singulière du présent de l'indicatif, en ôtant seulement le pronom JE. Voyez l'*indicatif* pour les exceptions.

Qu'il donne.	Qu'il parte.	Qu'il se défende. . . .	La troisième personne singulière de l'impératif est toujours semblable à la troisième personne singulière du présent du subjonctif.
Donnons, Donnez.	Partons, Partez.	Défendons-nous, Défendez-vous. . . .	La première et la seconde personne plurielles de l'impératif sont semblables aux deux mêmes personnes du présent de l'indicatif. Voyez l'*indicatif*.
Qu'ils donnent.	Qu'ils partent.	Qu'ils se défendent. .	La troisième personne plurielle de l'impératif est toujours semblable à la troisième personne plurielle du présent du subjonctif.

SUBJONCTIF, *cinquième mode.*

PRÉSENT OU FUTUR, *temps simple et dérivé.*

Il faut, il faudra, on veut

Que je donne,	Que je parte,	Que je me défende,
Que tu donnes,	Que tu partes,	Que tu te défendes,
Qu'il donne,	Qu'il parte,	Qu'il se défende,
Que nous donnions,	Que nous partions,	Que n. n. défendions,
Que vous donniez,	Que vous partiez,	Que vous v. défendiez,
Qu'ils donnent.	Qu'ils partent.	Qu'ils se défendent.

Le présent du subjonctif se forme du participe présent, en changeant la finale ANT en E, ES, E, au singulier, et en IONS, IEZ, ENT, au pluriel. La première et la seconde personne plurielles de ce temps sont semblables aux deux mêmes personnes de l'imparfait de l'indicatif, et la troisième personne singulière et la troisième personne plurielle sont semblables aux mêmes personnes de l'impératif (1).

---

(1) A proprement parler, il n'y a point de troisième personne à l'*impératif*, ni au singulier, ni au pluriel; ce n'est que par ellipse qu'on dit : *qu'ils donnent, qu'ils partent*; on sous-entend, *je veux, il faut*, ou un équivalent ; et c'est comme si l'on disait : *je veux qu'ils donnent, il faut qu'ils partent.* Ce qui nous a fait dire dans le premier chapitre que le mode impératif n'est autre que le mode subjonctif, exprimant une volonté plus absolue.

IMPARFAIT, *temps simple et dérivé.*

Il fallait, il fallut, il avait fallu, il faudrait, il aurait fallu, il eût fallu

Que je donnasse,	Que je partisse,	Que je me défendisse,
Que tu donnasses,	Que tu partisses,	Que tu te défendisses,
Qu'il donnât,	Qu'il partît,	Qu'il se défendît,
Que nous donnassions,	Que nous partissions,	Que n. n. défendiss.,
Que vous donnassiez,	Que vous partissiez,	Que v. v. défendissiez,
Qu'ils donnassent.	Qu'ils partissent.	Qu'ils se défendissent.

L'imparfait du subjonctif se forme du prétérit défini, en changeant la finale AI en ASSE dans les verbes de la première conjugaison, et en ajoutant SE au prétérit dans tous les verbes des trois autres conjugaisons. Cette règle ne souffre aucune exception. Dans cette formation, il n'est question que de la première personne; mais, comme il a déjà été dit au prétérit défini, la première personne d'un temps étant connue, les autres le sont nécessairement.

Il faut cependant remarquer que la troisième personne singulière de l'imparfait du subjonctif est toujours terminée par un *t*, avec un accent circonflexe sur la voyelle qui précède le *t* : *qu'il aimât, qu'il finît, qu'il reçût, qu'il vînt*, etc.

PRÉTÉRIT, *temps composé.*

Il faut, il a fallu, il faudra, il aura fallu

Que j'aie donné,	Que je sois parti,	Que je me sois défendu,
Que tu aies donné,	Que tu sois parti,	Que tu te sois défendu,
Qu'il ait donné,	Qu'il soit parti,	Qu'il se soit défendu,
Que nous ayons donné,	Que nous soyons partis,	Que n. n. soyons déf.,
Que vous ayez donné,	Que vous soyez partis,	Que v. v. soyez déf.,
Qu'ils aient donné.	Qu'ils soient partis.	Qu'ils se soient défen.

Le prétérit du subjonctif se forme du présent du subjonctif du verbe *avoir* ou du verbe *être*; et du participe passé du verbe que l'on conjugue.

PLUS-QUE-PARFAIT, *temps composé.*

Il fallait, il fallut, il a fallu, il avait fallu, il faudrait, il aurait fallu, il eût fallu

Que j'eusse donné,	Que je fusse parti,	Que je me fusse déf.,
Que tu eusses donné,	Que tu fusses parti,	Que tu te fusses déf.,
Qu'il eût donné,	Qu'il fût parti,	Qu'il se fût défendu;
Que n. eussions donné,	Que n. fussions partis,	Que n. n. fussions déf.,
Que v. eussiez donné,	Que v. fussiez partis,	Que v. v. fussiez déf.,
Qu'ils eussent donné.	Qu'ils fussent partis.	Qu'ils se fussent déf.

Le plus-que-parfait du subjonctif se forme de l'imparfait du subjonctif du verbe *avoir* ou du verbe *être*, et du participe passé du verbe que l'on conjugue.

Ce temps est semblable au deuxième conditionnel passé. On les distingue seulement par le sens et par la conjonction *que* qui précède ordinairement le temps du subjonctif.

REMARQUES.

PREMIÈRE REMARQUE.

Il y a encore quelques temps que nous n'avons pas insérés dans les modèles précédents parce qu'on s'en sert rarement ; on les nomme *temps surcomposés*, parce qu'ils se forment de temps composés de l'auxiliaire *avoir* ou de l'auxiliaire *être*, et d'un participe.

Un seul temps surcomposé est fort usité : c'est le *prétérit antérieur indéfini ;* aussi l'avons-nous conjugué. Les autres temps surcomposés sont :

1° Un *plus-que-parfait*, formé du plus-que-parfait du verbe *avoir* ou du verbe *être*, et du participe d'un autre verbe, comme *si j'avais eu chanté*, *si j'avais eu fini*, *si tu avais été arrivé*, *s'il avait été parti*.

2° Un *futur antérieur*, formé du futur antérieur du verbe *avoir* ou du verbe *être*, et du participe d'un autre verbe, comme *j'aurai eu chanté*, *tu auras eu fini*, *il aura été arrivé*.

3° Un *conditionnel passé*, formé du passé du conditionnel du verbe *avoir* ou du verbe *être*, et du participe d'un autre verbe, comme *j'aurais eu fini*, *tu aurais eu mangé*, *il aurait été parti*.

4° Un *participe passé relatif*, formé du participe passé relatif du verbe *avoir* et du participe d'un autre verbe, comme *ayant eu fini*, *ayant eu étudié*.

Le prétérit antérieur défini, *quand j'eus chanté*, *quand il eut fini*, *quand il fut parti*, etc., ne peut s'employer que pour exprimer une chose passée avant une autre dans un temps qui est entièrement écoulé.

Ces temps surcomposés ne sont en usage que dans les verbes à régime direct et dans les verbes à régimes indirects; ils ne peuvent être employés ni dans les verbes passifs ni dans les verbes pronominaux.

DEUXIÈME REMARQUE.

Dans les verbes de la première conjugaison, ainsi que dans ceux de la seconde dont le présent de l'indicatif se termine par un *e* muet, la seconde personne de l'impératif, se formant de la première du présent de l'indicatif, se termine aussi par un *e* muet; mais on ajoute un *s* à la seconde personne de l'impératif, quand cet impératif est suivi de l'un des pronoms *y* ou *en*, et l'on écrit : *portes-y du secours, cueilles-en pour ton frère.* Le *s* étant purement euphonique, il vaudrait mieux le mettre entre deux traits-d'union, comme on place le *t* dans *va-t-il, souffre-t-il, porte-t-il*, etc., et écrire : *porte*-s-*y du secours, songe*-s-*y, cueille*-s-*en pour ton frère, offre*-s-*en à ta sœur;* mais ce n'est pas l'usage.

Il ne faut pas confondre la préposition *en* avec le pronom *en*. Avec la préposition, il faut écrire : *voyage en France, porte en Allemagne, donne en tout temps des preuves de courage*, sans ajouter *s* à l'impératif.

L'impératif *va* suit cette règle quand il est suivi de *y* qui n'a pas lui-même de régime; on écrit : *vas-y*. Mais si *y* est suivi d'un régime, *va* ne prend pas *s* : *va y voir :*

Va suivi de *en* ne prend jamais *s* : *va en prendre.*

Écrivez *va-t'en*, et non *va-t-en* : *t* n'est pas ici lettre euphonique, mais pronom.

CHAPITRE XI

Remarques sur l'emploi des deux auxiliaires AVOIR *et* ÊTRE.

L'auxiliaire *avoir* sert :

1° A se conjuguer lui-même dans ses temps composés comme *j'*AI *eu*, *j'*AVAIS *eu*, *j'*AURAI *eu*, *j'*AURAIS *eu*, etc.;

2° A conjuguer les temps composés du verbe *être*, comme *j'*AI *été*, *j'*AVAIS *été*, *j'*AURAI *été*, *j'*AURAIS *été*, etc.;

3° A conjuguer les temps composés de tous les verbes à régime direct sans exception, et ceux de la plupart des verbes à régimes indirects, comme *j'*AI *donné*, *j'*AVAIS *cousu*, *j'*AURAI *entendu*, *j'*AURAIS *ménagé*, à régime direct; et *j'*AI *dormi*, *j'*AVAIS *marché*, *j'*AURAI *vécu*, *j'*AURAIS *langui*, à régimes indirects.

L'auxiliaire *être* sert :

1° A conjuguer tous les verbes passifs dans tous les temps, comme *être aimé*, qui fait *je* SUIS *aimé*, *j'*ÉTAIS *aimé*, *j'*AI ÉTÉ *aimé*, *je* SERAI *aimé*, *je* SERAIS *aimé*, etc.;

2° A conjuguer les temps composés de tous les verbes *pronominaux*, *réfléchis*, *réciproques*, comme *se blesser*, qui fait *je me* SUIS *blessé*, *je m'*ÉTAIS *blessé*, *je me* SERAIS *blessé*, etc.; mais dans ces verbes, l'auxiliaire *être* est employé pour l'auxiliaire *avoir* : *S'être blessé*, c'est-à-dire : *avoir blessé soi.*

3° A conjuguer quelques verbes à régimes indirects, tels que *aller*, *arriver*, *choir*, *déchoir*, *décéder*, *entrer*, *mourir*, *naître*, *partir*, *rester*, *sortir*, *tomber*, *venir*, *devenir*, *intervenir*, *parvenir*, *revenir*, *survenir*. On doit dire : *il* EST *mort*, *il* EST *venu*, *il* EST *parti*. *il* EST *né*, *il* EST *tombé*, etc.

Quelques verbes prennent indifféremment l'auxiliaire *avoir* ou l'auxiliaire *être;* ces verbes sont : *accourir*, *apparaître*, *comparaître*, *disparaître*, *croître*, *décroître*, *accroître*, *recroître*. On dit également *ils* SONT *accourus*, *ils* ONT *accouru* : *il* EST *disparu*, *il* A *disparu*, etc. (1).

Quelques verbes en changeant d'auxiliaire changent le sens de la phrase, tels sont les verbes *aller*, *cesser*, *demeurer*, *descendre*, *échapper*, *monter*, *passer*, *sortir*, *emmener*, *disparaître*, *grandir*, *vieillir*, *échoir*, et plusieurs autres (2).

RÈGLE.

Les verbes dont nous venons de parler doivent se conjuguer avec *avoir* toutes les fois qu'ils marquent une action, et dans ce cas, ils sont souvent suivis d'un régime.

Mais ces mêmes verbes se conjuguent avec *être* toutes les fois qu'ils expriment simplement l'état du sujet.

(1) Il faut cependant remarquer que, même avec ces verbes, l'auxiliaire *avoir* indique plutôt l'action, et l'auxiliaire *être*, l'état. *Il a disparu sans qu'on s'en aperçût. Il est disparu depuis très-longtemps.*

(2) Les plus usités sont : *accroître*, *augmenter*, *changer*, *croître*, *décroître*, *déborder*, *déménager*, *embellir*, *enfler*, *enlaidir*, *expirer* (suivant les bons auteurs), *geler*, *grossir*, *rajeunir*, *sonner*, *tarir*, *tomber*, etc.

IL FAUT DIRE :

Avec AVOIR :

Il A ÉTÉ à Rome, si l'on veut exprimer qu'il a fait un voyage à Rome, et qu'il est de retour.

Il A CESSÉ son travail : *a cessé*, parce que ce verbe a un régime, qui est *travail* (1).

Mon frère A DEMEURÉ deux ans *à* Paris, pour exprimer que mon frère a passé deux ans à Paris, mais qu'il n'y est plus.

Les tonneliers ONT DESCENDU le vin à la cave : *ont descendu*, parce qu'il y a un régime, qui est *vin*.

Le cerf A ÉCHAPPÉ aux chiens, pour dire que les chiens ne l'ont point atteint, ne l'ont point aperçu.

Ce mot m'A ÉCHAPPÉ, pour dire qu'on ne s'en souvient plus.

Il A MONTÉ à cheval, pour faire entendre qu'il est de retour.

Il A MONTÉ cinq étages ; il A MONTÉ sa montre ; il A MONTÉ sa maison sur un bon pied.

Avec ÊTRE :

Il EST ALLÉ à Rome, si l'on veut exprimer qu'il est parti pour Rome, et qu'il n'en est pas de retour.

La pluie A CESSÉ ou EST CESSÉE : *cesser*, sans régime, prend AVOIR ou ÊTRE indifféremment.

Mon frère EST DEMEURÉ à Paris, signifie qu'il a fait un voyage à Paris, et qu'il y est encore.

Les tonneliers SONT DESCENDUS à la cave : *sont descendus* parce qu'il n'y a point de régime ; et alors ce verbe n'explique qu'un état, celui d'être en bas.

Le cerf EST ÉCHAPPÉ aux chiens, pour dire que les chiens l'ont vu, l'ont serré de près, mais qu'il s'est tiré du péril par agilité ou autrement.

Ce mot m'EST ÉCHAPPÉ, pour dire qu'on s'en est servi sans réflexion.

Il EST MONTÉ dans sa chambre, pour faire entendre qu'il y est encore.

Cet écolier était en troisième, il EST MONTÉ en seconde.

(1) Ce n'est pas simplement parce qu'il y a un régime qu'on emploie l'auxiliaire *avoir* ; mais il y a un régime parce que, dans le cas cité, les verbes *cessé* et les autres marquent l'action, et que ces sortes de verbes ne sont pas pas habituellement complets par eux-mêmes.

Avec AVOIR :	*Avec* ÊTRE :
Les troupes françaises ONT PASSÉ le Rhin. — La procession A PASSÉ sous mes fenêtres. — Il A PASSÉ la rivière. Dans ces phrases, il y a action.	Les troupes françaises SONT PASSÉES. — Cette tapisserie EST PASSÉE. Dans ces phrases, on marque simplement l'état du sujet.
Ce mot A PASSÉ, pour dire *a été reçu*.	Ce mot EST PASSÉ, pour dire *on ne s'en sert plus*.
Ces maisons nous ONT CONVENU.	Et nous SOMMES CONVENUS du prix.
Convenir prend AVOIR quand il signifie *être convenable*.	*Convenir* prend ÊTRE quand il signifie *demeurer d'accord*.
AVOIR GRANDI ; il A GRANDI pendant sa maladie.	ÊTRE GRANDI ; je le trouve bien grandi.
Il A VIEILLI à force de chagrin.	Il EST VIEILLI de dix ans.
Cette lettre de change A ÉCHU hier.	Cette lettre de change EST ÉCHUE depuis un mois.

FIN DE LA PREMIÈRE PARTIE.

SECONDE PARTIE

CONTENANT LES

VERBES IRRÉGULIERS DES QUATRE CONJUGAISONS

On appelle *irréguliers* les verbes qui ne suivent pas toujours les règles de la formation des temps, et dont le radical n'est pas le même dans tous les temps primitifs.

CHAPITRE PREMIER.

Verbes irréguliers de la première conjugaison.

Cette conjugaison, qui comprend la très-grande majorité de nos verbes, n'a, à proprement parler, qu'un seul verbe irrégulier, qui est *aller;* il sera conjugué à la fin de ce chapitre. Mais quelques verbes de cette conjugaison méritent une attention particulière, les uns parce qu'ils semblent plus difficiles à conjuguer que le verbe *chanter*, les autres parce qu'ils ont réellement quelques irrégularités.

REMARQUES
sur quelques verbes de la première conjugaison.

Ire.

Verbes terminés en ailler, eiller, ouiller, *qui ont deux* ll mouillées à tous leurs temps (1).

TRAVAILLER, *Modèle.*

INFINITIF.

PRÉSENT. . . . . Travailler.

(1) Ces verbes sont parfaitement réguliers, mais difficiles à conjuguer pour de jeunes enfants.

PRÉTÉRIT. . . . . Avoir travaillé.
PARTICIPE PRÉSENT. . . . . Travaillant.
PARTICIPE PASSÉ. . . . . . Travaillé, travaillée.
PARTICIPE PASSÉ RELATIF. . . Ayant travaillé.
FUTUR. . . . . Devant travailler.

INDICATIF.

PRÉSENT.

Je travaille, tu travailles, il travaille,
Nous *travaillons*, vous *travaillez*, ils travaillent.

IMPARFAIT.

Je travaillais, tu travaillais, il travaillait,
Nous *travaillions*, vous *travailliez*, ils travaillaient.

PRÉTÉRIT DÉFINI.

Je travaillai, tu travaillas, il travailla;
Nous travaillâmes, vous travaillâtes, ils travaillèrent.
PRÉTÉRIT INDÉFINI. . . . . . J'ai travaillé (1).
PRÉTÉRIT ANTÉRIEUR. . . . . J'eus travaillé.
PLUS-QUE-PARFAIT. . . . . . J'avais travaillé.
PRÉTÉRIT ANTÉRIEUR INDÉF.. J'ai eu travaillé.

FUTUR.

Je travaillerai, tu travailleras, il travaillera,
Nous travaillerons, vous travaillerez, ils travailleront.
FUTUR ANTÉRIEUR. . . . . . J'aurai travaillé.

CONDITIONNEL.

PRÉSENT *ou* FUTUR.

Je travaillerais, tu travaillerais, il travaillerait,
Nous travaillerions, vous travailleriez, ils travailleraient.
PASSÉ. . . . . J'aurais *ou* j'eusse travaillé.

IMPÉRATIF.

Travaille, *travaillons*, *travaillez*.

SUBJONCTIF.

PRÉSENT *ou* FUTUR.

Que je travaille, que tu travailles, qu'il travaille,
Que nous *travaillions*, que vous *travailliez*, qu'ils travaillent.

(1) Quelque irrégulier que soit un verbe, les irrégularités ne se rencontrent que dans les temps simples : c'est pourquoi nous donnerons seulement la première personne de chaque temps composé.

IMPARFAIT.

Que je travaillasse, que tu travaillasses, qu'il travaillât,
Que nous travaillassions, que vous travaillassiez, qu'ils travaillassent.

PRÉTÉRIT. . . . . Que j'aie travaillé.
PLUS-QUE-PARFAIT. . . . . . Que j'eusse travaillé.

Conjuguez de même les verbes suivants : *tailler*, *détailler*, *émailler*, *conseiller*, *veiller*, *surveiller*, *réveiller*, *mouiller*, *fouiller*, *brouiller*, *embrouiller*, *débrouiller*, etc.

IIe.

Verbes dont l'infinitif est terminé en ger.

RÈGLE.

Dans les verbes en *ger* il faut mettre un *e* muet à la suite du *g* avant les voyelles *a*, *o*, pour conserver au *g* la prononciation douce qu'il a à l'infinitif. Nous indiquerons par des italiques toutes les personnes du verbe modèle qui doivent avoir un *e* muet pour adoucir le *g*.

MANGER, *Modèle*.

INFINITIF.

PRÉSENT. . . . . Manger.
PRÉTÉRIT. . . . . Avoir mangé.
PARTICIPE PRÉSENT. . . . . . *Mangeant*.
PARTICIPE PASSÉ. . . . . . . Mangé, mangée.
PARTICIPE PASSÉ RELATIF. . . Ayant mangé.
FUTUR. . . . . Devant manger.

INDICATIF.

PRÉSENT.

Je mange, tu manges, il mange,
Nous *mangeons*, vous mangez, ils mangent.

IMPARFAIT.

Je *mangeais*, tu *mangeais*, il *mangeait*,
Nous mangions, vous mangiez, ils *mangeaient*.

PRÉTÉRIT DÉFINI.

Je *mangeai*, tu *mangeas*, il *mangea*,
Nous *mangeâmes*, vous *mangeâtes*, ils mangèrent.

PRÉTÉRIT INDÉFINI. . . . . . J'ai mangé.
PRÉTÉRIT ANTÉRIEUR. . . . . J'eus mangé.
PLUS-QUE-PARFAIT. . . . . . J'avais mangé.
PRÉTÉRIT ANTÉRIEUR INDÉF. . J'ai eu mangé.

FUTUR.

Je mangerai, tu mangeras, il mangera,
Nous mangerons, vous mangerez, ils mangeront.

FUTUR ANTÉRIEUR. . . . . J'aurai mangé.

CONDITIONNEL.

PRÉSENT *ou* FUTUR.

Je mangerais, tu mangerais, il mangerait,
Nous mangerions, vous mangeriez, ils mangeraient.

PASSÉ. . . . . J'aurais *ou* j'eusse mangé.

IMPÉRATIF.

Mange, *mangeons*, mangez.

SUBJONCTIF.

PRÉSENT *ou* FUTUR.

Que je mange, que tu manges, qu'il mange,
Que nous mangions, que vous mangiez, qu'ils mangent.

IMPARFAIT.

Que je *mangeasse*, que tu *mangeasses*, qu'il *mangeât*,
Que nous *mangeassions*, que vous *mangeassiez*, qu'ils *mangeassent*.

PRÉTÉRIT. . . . . Que j'aie mangé.
PLUS-QUE-PARFAIT. . . . . . Que j'eusse mangé.

Conjuguez de même les verbes suivants : *ménager*, *partager*, *corriger*, *interroger*, *songer*, *ranger*, *déranger*, *arranger*, *gager*, *engager*, *dégager*, *voyager*, *nager*, *ravager*, *bouger*, *diriger*, *rédiger*, *ronger*, *juger*, *protéger*, *abréger*, *outrager*, *encourager*, *venger*, etc.

IIIe.

Verbes dont l'infinitif est terminé en ouer *et en* uer.

JOUER, *Modèle*.

INFINITIF.

PRÉSENT. . . . . Jouer.
PRÉTÉRIT. . . . . Avoir joué.
PARTICIPE PRÉSENT. . . . . . Jouant.
PARTICIPE PASSÉ. . . . . . . Joué, jouée.
PARTICIPE PASSÉ RELATIF. . . Ayant joué.
FUTUR. . . . . Devant jouer.

INDICATIF.

PRÉSENT.

Je joue, tu joues, il joue,
Nous jouons, vous jouez, ils jouent.

IMPARFAIT.

Je jouais, tu jouais, il jouait,
Nous jouions, vous jouiez, ils jouaient.

PRÉTÉRIT DÉFINI.

Je jouai, tu jouas, il joua,
Nous jouâmes, vous jouâtes, ils jouèrent.

PRÉTÉRIT INDÉFINI. . . . . . J'ai joué.
PRÉTÉRIT ANTÉRIEUR. . . . . J'eus joué.
PRÉTÉRIT ANTÉRIEUR INDÉF. . J'ai eu joué.
PLUS-QUE-PARFAIT. . . . . . J'avais joué.

FUTUR.

Je *jouerai*, tu *joueras*, il *jouera* (1).
Nous *jouerons*, vous *jouerez*, ils *joueront*.

FUTUR ANTÉRIEUR. . . . . . J'aurai joué.

(1) Remarquez que, dans tous les verbes de la première conjugaison, le *futur* a toujours un *e* muet avant la finale *rai*, et le *conditionnel* avant la finale *rais* (je *jouerai*, je *jouerais*) ; parce que dans tous les verbes de la première conjugaison on doit retrouver l'infinitif présent dans le futur et le conditionnel. (*Aller*, *envoyez*, *renvoyer*, sont les seuls verbes exceptés.

CONDITIONNEL.

PRÉSENT *ou* FUTUR.

Je *jouerais*, tu *jouerais*, il *jouerait*,
Nous *jouerions*, vous *joueriez*, ils *joueraient*.

PASSÉ. . . . . J'aurais *ou* j'eusse joué.

IMPÉRATIF.

Joue, jouons, jouez.

SUBJONCTIF.

PRÉSENT *ou* FUTUR.

Que je joue, que tu joues, qu'il joue,
Que nous jouions, que vous jouiez, qu'ils jouent.

IMPARFAIT.

Que je jouasse, que tu jouasses, qu'il jouât,
Que nous jouassions, que vous jouassiez, qu'ils jouassent.

PRÉTÉRIT. . . . . Que j'aie joué.

PLUS-QUE-PARFAIT. . . . . . Que j'eusse joué.

Conjuguez de même les verbes suivants : *louer*, *avouer*, *nouer*, *dénouer*, *renouer*, *clouer*, *déclouer*, *échouer*, *vouer*, *secouer*, *douer*, *trouer*; et *suer*, *muer*, *tuer*, *remuer*, *huer*, *distribuer*, *instituer*, *contribuer*, *influer*, *prostituer*, *destituer*, *puer*.

REMARQUE SUR CE DERNIER.

« *Puer*, verbe neutre, sentir mauvais. Ce verbe » n'est d'usage qu'à l'infinitif, au présent, à l'imparfait, au futur et au conditionnel présent. » *Cette viande commence à* PUER. *Ces perdrix* PUENT. » *Son haleine* PUE. *Il* PUAIT. *Cela* PUERA *bientôt. Si* » *vous gardiez cette viande plus longtemps, elle* PUERAIT. » (ACADÉMIE.)

IVe.

Verbes dont l'infinitif est terminé en ier.

RÈGLE.

Tous les verbes terminés à l'infinitif par *ier* prennent deux *ii* aux deux premières personnes plurielles de l'imparfait de l'indicatif, et aux deux premières personnes plurielles du présent du subjonctif.

OUBLIER, *Modèle.*

INFINITIF.

PRÉSENT. . . . . Oublier.
PRÉTÉRIT. . . . . Avoir oublié.
PARTICIPE PRÉSENT. . . . . . Oubliant.
PARTICIPE PASSÉ. . . . . . . Oublié, oubliée.
PARTICIPE PASSÉ RELATIF. . . Ayant oublié.
FUTUR. . . . . Devant oublier.

INDICATIF.

PRÉSENT.

J'oublie, tu oublies, il oublie,
Nous oublions, vous oubliez, ils oublient.

IMPARFAIT.

J'oubliais, tu oubliais, il oubliait,
Nous *oubliions*, vous *oubliiez*, ils oubliaient.

PRÉTÉRIT DÉFINI.

J'oubliai, tu oublias, il oublia,
Nous oubliâmes, vous oubliâtes, ils oublièrent.
PRÉTÉRIT INDÉFINI. . . . . . J'ai oublié.
PRÉTÉRIT ANTÉRIEUR. . . . . J'eus oublié.
PRÉTÉRIT ANTÉRIEUR INDÉF. . J'ai eu oublié.
PLUS-QUE-PARFAIT. . . . . . J'avais oublié.

FUTUR.

J'*oublierai*, tu *oublieras*, il *oubliera* (1),
Nous *oublierons*, vous *oublierez*, ils *oublieront*.
FUTUR ANTÉRIEUR. . . . . . . J'aurai oublié.

CONDITIONNEL.

PRÉSENT *ou* FUTUR.

J'*oublierais*, tu *oublierais*, il *oublierait*,
Nous *oublierions*, vous *oublieriez*, ils *oublieraient*.
PASSÉ. . . . . J'aurais *ou* j'eusse oublié.

(1) Remarquez encore une fois ce que nous avons dit au sujet du verbe *jouer* : il faut toujours un *e* muet au futur avant la finale *rai*, et un au conditionnel avant la finale *rais*.

IMPÉRATIF.

Oublie, oublions, oubliez.

SUBJONCTIF.

PRÉSENT *ou* FUTUR.

Que j'oublie, que tu oublies, qu'il oublie,
Que nous *oubliions*, que vous *oubliiez* (1), qu'ils oublient.

IMPARFAIT.

Que j'oubliasse, que tu oubliasses, qu'il oubliât,
Que nous oubliassions, que vous oubliassiez, qu'ils oubliassent.

PRÉTÉRIT. . . . . Que j'aie oublié.
PLUS-QUE-PARFAIT. . . . . . Que j'eusse oublié.

Conjuguez de même les verbes suivants : *publier*, *prier*, *sacrifier*, *scier*, *plier*, *déplier*, *replier*, *lier*, *délier*, *relier*, *crier*, *décrier*, *vérifier*, *justifier*, *certifier*, *orthographier*, *étudier*, *concilier*, *réconcilier*, *nier*, *purifier*, *défier*, *vivifier*, *clarifier*, et tous les verbes dont l'infinitif est terminé en *ier*.

Ve.

Verbes dont l'infinitif est terminé en oyer, ayer, *et* uyer; *comme* PLOYER, PAYER, ESSUYER, *etc.*

RÈGLE.

Les verbes qui ont l'infinitif terminé en *oyer*, *ayer* et *uyer*, changent l'*y* en un *i* simple chaque fois que cet *y* est suivi d'un *e* muet. On excepte de cette règle générale les verbes *bégayer*, *grasseyer*, et quelques autres, à cause de la prononciation.

(1) Remarquez que la première et la seconde personne du pluriel du présent du subjonctif sont semblables aux deux mêmes personnes de l'imparfait de l'indicatif.

PLOYER, *Modèle.*

INFINITIF.

PRÉSENT.................. Ployer.
PRÉTÉRIT.................. Avoir ployé.
PARTICIPE PRÉSENT.......... Ployant.
PARTICIPE PASSÉ............ Ployé, ployée.
PARTICIPE PASSÉ RELATIF.... Ayant ployé.
FUTUR..................... Devant ployer.

INDICATIF.

PRÉSENT.

Je ploie, tu ploies, il ploie (1),
Nous ployons, vous ployez, ils ploient.

IMPARFAIT.

Je ployais, tu ployais, il ployait,
Nous *ployions*, vous *ployiez* (2), ils ployaient.

PRÉTÉRIT DÉFINI.

Je ployai, tu ployas, il ploya,
Nous ployâmes, vous ployâtes, ils ployèrent.
PRÉTÉRIT INDÉFINI........ J'ai ployé.
PRÉTÉRIT ANTÉRIEUR....... J'eus ployé.
PRÉTÉRIT ANTÉRIEUR INDÉF. J'ai eu ployé.
PLUS-QUE-PARFAIT......... J'avais ployé.

FUTUR.

Je ploierai, tu ploieras, il ploiera,
Nous ploierons, vous ploierez, ils ploieront.
FUTUR ANTÉRIEUR......... J'aurai ployé.

CONDITIONNEL.

PRÉSENT *ou* FUTUR.

Je ploierais, tu ploierais, il ploierait.

(1) L'Académie semble vouloir revenir sur cette règle en indiquant les deux orthographes, *je paie* et je *paye;* mais nous croyons qu'il vaut mieux suivre l'usage des bons auteurs, et mettre un *i* au lieu d'un *y* partout où cet *y* pourrait être suivi d'un *e* muet.

(2) La première et la seconde personne plurielles de l'imparfait de l'indicatif ont un *y* et un *i*, parce que c'est une règle générale que ces deux personnes doivent toujours avoir un *i* de plus que les deux mêmes personnes du présent du même mode, comme l'indique sa prononciation.

Nous ploierions, vous ploieriez, ils ploieraient.

PASSÉ.................. J'aurais *ou* j'eusse ployé.

IMPÉRATIF.

Ploie, ployons, ployez.

SUBJONCTIF.

PRÉSENT *ou* FUTUR.

Que je ploie, que tu ploies, qu'il ploie,
Que nous *ployions*, que vous *ployiez*, qu'ils ploient.

IMPARFAIT.

Que je ployasse, que tu ployasses, qu'il ployât,
Que nous ployassions, que vous ployassiez, qu'ils ployassent.

PRÉTÉRIT................ Que j'aie ployé.
PLUS-QUE-PARFAIT.......... Que j'eusse ployé.

Conjuguez de même les verbes suivants : *déployer*, *reployer*, *employer*, *tutoyer*, *noyer*, *nettoyer*, *aboyer*, *côtoyer*, *coudoyer*, *fourvoyer*, *broyer*, *envoyer*, et *renvoyer*, en observant que ces deux derniers font au futur et au conditionnel *j'enverrai*, *j'enverrais; je renverrai*, *je renverrais*. Conjuguez encore de même les verbes *payer*, *essayer*, *frayer*, *effrayer*, *rayer*, *balayer*, *appuyer*, *essuyer*, *ressuyer*, *ennuyer*, *désennuyer*, etc.

VIe.

RÈGLE.

Les verbes de la première conjugaison qui ont deux *ée* de suite à l'infinitif ont deux *éé* accentués au participe passé masculin, et par conséquent trois *éée*, dont les deux premiers accentués et le dernier muet, au participe passé féminin. Ces verbes se conjuguent comme *créer*.

CRÉER, *Modèle.*

INFINITIF.

PRÉSENT	Créer.
PRÉTÉRIT	Avoir créé.
PARTICIPE PRÉSENT	Creant.
PARTICIPE PASSÉ	Créé, créée.
PARTICIPE PASSÉ RELATIF	Ayant créé.
FUTUR	Devant créer.

INDICATIF.

PRÉSENT.

Je crée, tu crées, il crée,
Nous créons, vous créez, ils créent.

IMPARFAIT.

Je créais, tu créais, il créait,
Nous créions, vous créiez, ils créaient.

PRÉTÉRIT DÉFINI.

Je créai, tu créas, il créa,
Nous créâmes, vous créâtes, ils créèrent.

PRÉTÉRIT INDÉFINI	J'ai créé.
PRÉTÉRIT ANTÉRIEUR	J'eus créé.
PRÉTÉRIT ANTÉRIEUR INDÉF.	J'ai eu créé.
PLUS-QUE-PARFAIT	J'avais créé.

FUTUR.

Je créerai, tu créeras, il créera,
Nous créerons, vous créerez, ils créeront.

FUTUR ANTÉRIEUR	J'aurai créé.

CONDITIONNEL.

PRÉSENT *ou* FUTUR.

Je créerais, tu créerais, il créerait,
Nous créerions, vous créeriez, ils créeraient.

PASSÉ	J'aurais *ou* j'eusse créé.

IMPÉRATIF.

Crée, créons, créez.

SUBJONCTIF.

PRÉSENT *ou* FUTUR.

Que je crée, que tu crées, qu'il crée,
Que nous créions, que vous créiez, qu'ils créent.

IMPARFAIT.

Que je créasse, que tu créasses, qu'il créât,
Que nous créassions, que vous créassiez, qu'ils créassent.

PRÉTÉRIT................ Que j'aie créé.
PLUS-QUE-PARFAIT......... Que j'eusse créé.

Conjuguez de même les verbes suivants : *agréer*, *ragréer*, *récréer*, *suppléer*, en ayant soin d'accentuer comme il convient de le faire.

VIIe.

RÈGLE.

Les verbes qui ont l'infinitif terminé par *eler* et *eter*, comme *appeler*, *jeter*, doublent l'*l* et le *t* partout où l'une de ces deux lettres doit être suivie d'un *e* muet : *j'appelle*, *il jette*.

APPELER, *Modèle*.

INFINITIF.

PRÉSENT.................. Appeler.
PRÉTÉRIT................. Avoir appelé.
PARTICIPE PRÉSENT........ Appelant.
PARTICIPE PASSÉ.......... Appelé, appelée.
PARTICIPE PASSÉ RELATIF... Ayant appelé.
FUTUR.................... Devant appeler.

INDICATIF.

PRÉSENT.

J'*appelle*, tu *appelles*, il *appelle*,
Nous appelons, vous appelez, ils *appellent*.

IMPARFAIT.

J'appelais, tu appelais, il appelait,
Nous appelions, vous appeliez, ils appelaient.

PRÉTÉRIT DÉFINI.

J'appelai, tu appelas, il appela,

Nous appelâmes, vous appelâtes, ils appelèrent.

PRÉTÉRIT INDÉFINI......... J'ai appelé.
PRÉTÉRIT ANTÉRIEUR....... J'eus appelé.
PRÉTÉRIT ANTÉRIEUR INDÉF.. J'ai eu appelé.
PLUS-QUE-PARFAIT......... J'avais appelé.

FUTUR.

J'*appellerai*, tu *appelleras*, il *appellera*,
Nous *appellerons*, vous *appellerez*, ils *appelleront*.

FUTUR ANTÉRIEUR.......... J'aurai appelé.

CONDITIONNEL.

PRÉSENT *ou* FUTUR.

J'*appellerais*, tu *appellerais*, il *appellerait*,
Nous *appellerions*, vous *appelleriez*, ils *appelleraient*.

PASSÉ................... J'aurais *ou* j'eusse appelé.

IMPÉRATIF.

Appelle, appelons, appelez.

SUBJONCTIF.

PRÉSENT *ou* FUTUR.

Que j'*appelle*, que tu *appelles*, qu'il *appelle*,
Que nous appelions, que vous appeliez, qu'ils *appellent*.

IMPARFAIT.

Que j'appelasse, que tu appelasses, qu'il appelât,
Que nous appelassions, que vous appelassiez, qu'ils appelassent.

PRÉTÉRIT................. Que j'aie appelé.
PLUS-QUE-PARFAIT......... Que j'eusse appelé.

Conjuguez de même les verbes suivants : *rappeler*, *renouveler*, *chanceler*, *carreler*, *étinceler*, *atteler*, *dételer*; et *jeter*, *rejeter*, *projeter*, *surjeter*, *cacheter*, *décacheter*, en observant de doubler la lettre *l* ou la lettre *t* partout où la lettre *l* est doublée dans le verbe *appeler* (1).

(1) Il faut excepter de cette règle générale le verbe *acheter*, et ses dérivés, *becqueter*, *fureter*, *clocheter*, *rapiéceter*, lesquels prennent un accent grave dans tous les cas où les autres doublent le *t* : *j'achète*, *ils se becquètent*, *elle rapiécète*, etc.

VIIIe.

Verbes qui ont un E *muet à l'avant-dernière syllabe de l'infinitif, comme* mener, promener, achever, *etc.* (*On appelle cet* E *pénultième.*)

RÈGLE.

Ces verbes ne doublent jamais la consonne devant l'*e* muet : mais on met un accent grave sur l'*e* partout où la lettre *l* est doublée dans le verbe *appeler.*

MENER, *Modèle.*

INFINITIF.

PRÉSENT..................	Mener.
PRÉTÉRIT.................	Avoir mené.
PARTICIPE PRÉSENT........	Menant.
PARTICIPE PASSÉ..........	Mené, menée.
PARTICIPE PASSÉ RELATIF....	Ayant mené.
FUTUR....................	Devant mener.

INDICATIF.

PRÉSENT.

Je *mène*, tu *mènes*, il *mène*,
Nous menons, vous menez, ils *mènent.*

IMPARFAIT.

Je menais, tu menais, il menait,
Nous menions, vous meniez, ils menaient.

PRÉTÉRIT DÉFINI.

Je menai, tu menas, il mena,
Nous menâmes, vous menâtes, ils menèrent.

PRÉTÉRIT INDÉFINI.........	J'ai mené.
PRÉTÉRIT ANTÉRIEUR........	J'eus mené.
PRÉTÉRIT ANTÉRIEUR INDÉF..	J'ai eu mené.
PLUS-QUE-PARFAIT.........	J'avais mené.

FUTUR.

Je *mènerai*, tu *mèneras*, il *mènera*,

Nous *mènerons*, vous *mènerez*, ils *mèneront*.
FUTUR ANTÉRIEUR. . . . . J'aurai mené.

CONDITIONNEL.

PRÉSENT *ou* FUTUR.

Je *mènerais*, tu *mènerais*, il *mènerait*,
Nous *mènerions*, vous *mèneriez*, ils *mèneraient*.
PASSÉ. . . . . J'aurais *ou* j'eusse mené.

IMPÉRATIF.

Mène, menons, menez.

SUBJONCTIF.

PRÉSENT *ou* FUTUR.

Que je *mène*, que tu *mènes*, qu'il *mène*,
Que nous menions, que vous meniez, qu'ils *mènent*.

IMPARFAIT.

Que je menasse, que tu menasses, qu'il menât,
Que nous menassions, que vous menassiez, qu'ils menassent.
PRÉTÉRIT. . . . . Que j'aie mené.
PLUS-QUE-PARFAIT. . . . . . Que j'eusse mené.

Conjuguez de même les verbes suivants : *amener*, *ramener*, *emmener*, *promener*, *lever*, *enlever*, *soulever*, *achever*, *crever*, *dépecer*, *céler*, *décéler*, *recéler*, *peser*, *modeler*, *geler*, etc.

IXe.

Verbes qui ont l'accent aigu sur l'É à l'avant-dernière syllabe de l'infinitif

RÈGLE.

Ces verbes conservent l'accent aigu partout où il n'y a qu'une *l* dans le verbe *appeler;* mais on met l'accent grave sur le même *è* partout où il y a deux *ll* dans le verbe *appeler*.

CÉDER, *Modèle.*

INFINITIF.

PRÉSENT. . . . . Céder.
PRÉTÉRIT. . . . . Avoir cédé.
PARTICIPE PRÉSENT. . . . . . Cédant.
PARTICIPE PASSÉ. . . . . . . Cédé, cédée.
PARTICIPE PASSÉ RELATIF. . . Ayant cédé.
FUTUR. . . . . Devant céder.

INDICATIF.

PRÉSENT.

Je *cède*, tu *cèdes*, il *cède*,
Nous cédons, vous cédez, ils *cèdent*.

IMPARFAIT.

Je cédais, tu cédais, il cédait,
Nous cédions, vous cédiez, ils cédaient.

PRÉTÉRIT DÉFINI.

Je cédai, tu cédas, il céda,
Nous cédâmes, vous cédâtes, ils cédèrent.

PRÉTÉRIT INDÉFINI. . . . . . J'ai cédé.
PRÉTÉRIT ANTÉRIEUR. . . . . J'eus cédé.
PRÉTÉRIT ANTÉRIEUR INDÉF. . J'ai eu cédé.
PLUS-QUE-PARFAIT. . . . . . J'avais cédé.

FUTUR.

Je *cèderai*, tu *cèderas*, il *cèdera*,
Nous *cèderons*, vous *cèderez*, ils *cèderont*.

FUTUR ANTÉRIEUR. . . . . . . J'aurai cédé.

CONDITIONNEL.

PRÉSENT *ou* FUTUR.

Je *cèderais*, tu *cèderais*, il *cèderait*,
Nous *cèderions*, vous *cèderiez*, ils *cèderaient*.

PASSÉ. . . . . J'aurais *ou* j'eusse cédé.

IMPÉRATIF.

Cède, cédons, cédez.

SUBJONCTIF.

PRÉSENT *ou* FUTUR.

Que je *cède*, que tu *cèdes*, qu'il *cède*,
Que nous cédions, que vous cédiez, qu'ils *cèdent*.

IMPARFAIT.

Que je cédasse, que tu cédasses, qu'il cédât,
Que nous cédassions, que vous cédassiez, qu'ils cédassent.

PRÉTÉRIT.. . . . . Que j'aie cédé.
PLUS-QUE-PARFAIT. . . . . . Que j'eusse cédé.

Conjuguez de même les verbes suivants : *recéder*, *procéder*, *concéder*, *décéder*, *succéder*, *pécher*, *alléguer*, *régner*, etc.

X^e^.

ALLER, *verbe à régimes indirects, irrégulier.*

RÈGLE.

Il se conjugue dans ses temps composés avec le verbe auxiliaire *être*.

Ce verbe signifie *se mouvoir, se transporter d'un lieu à un autre, se bien ou se mal porter*. Il serait difficile d'embrasser dans une définition juste toutes les significations que notre langue lui prête : c'est un des verbes qu'elle met le plus en usage.

Conjugaison du verbe ALLER.

INFINITIF.

PRÉSENT. . . . . Aller.
PRÉTÉRIT. . . . . Être allé *ou* avoir été.
PARTICIPE PRÉSENT. . . . . . Allant.
PARTICIPE PASSÉ. . . . . . . Allé, allée.
PARTICIPE PASSÉ RELATIF. . . Étant allé *ou* ayant été.
FUTUR. . . . . Devant aller.

INDICATIF.

PRÉSENT

Je vais *ou* je vas (1), tu vas, il *ou* elle va,

(1) *Je vas* est moins en usage que *je vais;* il n'y a que la conversation familière qui souffre *je vas*.

Nous allons, vous allez, ils *ou* elles vont.

IMPARFAIT.

J'allais, tu allais, il *ou* elle allait,
Nous allions, vous alliez, ils *ou* elles allaient.

PRÉTÉRIT DÉFINI.

J'allai, tu allas, il *ou* elle alla,
Nous allâmes, vous allâtes, ils *ou* elles allèrent (1).

PRÉTÉRIT INDÉFINI.

Je suis allé, tu es allé, il est allé,
Nous sommes allés, vous êtes allés, ils sont allés.

Autrement.

J'ai été, tu as été, il a été,
Nous avons été, vous avez été, ils ont été.

PRÉTÉRIT ANTÉRIEUR.

Je fus allé (2), tu fus allé, il fut allé,
Nous fûmes allés, vous fûtes allés, ils furent allés.

(1) C'est une grande faute contre la langue et le bon sens de se servir du verbe *être* dans le sens *d'aller*, et de dire *je fus, tu fus, il fut*, pour *j'allai, tu allas, il alla*. *Être* exprime une idée de station, et *aller* une idée de tendance. On ne se servira donc jamais d'un temps simple du verbe *être* pour remplacer un temps simple du verbe *aller;* mais *être* accompagné d'*avoir*, comme *j'ai été, j'eus été, j'aurais été*, se dit pour *aller* quand on veut faire entendre qu'on a séjourné, existé, dans un pays d'où l'on est revenu.

EXEMPLE.

J'ai été trois ans absente.
Ils ont été trois ans en Amérique.

Mais, pour exprimer le mouvement, le transport, on dira :

Il n'est pas chez lui, il est allé chez sa mère.
J'ai été en Suisse, et j'y suis allé en poste.

En un mot, *j'ai été* marque le retour, et il *est allé*, qu'on n'est pas encore de retour.

Au féminin, *je suis allée, tu es allée, elle est allée, nous sommes allées, vous êtes allées, elles sont allées*. La même chose à tous les autres temps composés.

(2) On voit par les explications ci-contre que c'est très-rarement qu'on se sert des temps composés *je suis allé, je fus allé,*

Autrement.

J'eus été, tu eus été, il eut été,
Nous eûmes été, vous eûtes été, ils eurent été.

PLUS-QUE-PARFAIT.

J'étais allé, tu étais allé, il était allé,
Nous étions allés, vous étiez allés, ils étaient allés.

Autrement.

J'avais été, tu avais été, il avait été,
Nous avions été, vous aviez été, ils avaient été.

FUTUR.

J'irai, tu iras, il ira,
Nous irons, vous irez, ils iront.

FUTUR ANTÉRIEUR.

Je serai allé, tu seras allé, il sera allé,
Nous serons allés, vous serez allés, ils seront allés.

Autrement.

J'aurai été, tu auras été, il aura été,
Nous aurons été, vous aurez été, ils auront été.

CONDITIONNEL.

PRÉSENT.

J'irais, tu irais, il irait,
Nous irions, vous iriez, ils iraient.

PASSÉ.

Je serais *ou* je fusse allé, tu serais *ou* tu fusses allé, il serait *ou* il fût allé,
Nous serions *ou* nous fussions allés, vous seriez *ou* vous fussiez allés, ils seraient *ou* ils fussent allés.

Autrement.

J'aurais *ou* j'eusse été, tu aurais *ou* tu eusses été, il aurait *ou* il eût été.

aux deux premières personnes, car il est difficile de dire *je suis allé* si l'on n'est pas encore de retour; il faut avoir dans l'esprit une idée du présent.

Cependant nous donnerons le verbe entier avec ses deux espèce de temps composés.

Nous aurions *ou* nous eussions été, vous auriez *ou* vous eussiez été, ils auraient *ou* ils eussent été.

IMPÉRATIF.

Va (1), allons, allez.

SUBJONCTIF.

PRÉSENT.

Que j'aille, que tu ailles, qu'il aille,
Que nous allions, que vous alliez, qu'ils aillent.

IMPARFAIT.

Que j'allasse, que tu allasses, qu'il allât,
Que nous allassions, que vous allassiez, qu'ils allassent.

PARFAIT.

Que je sois allé, que tu sois allé, qu'il soit allé,
Que nous soyons allés, que vous soyez allés, qu'ils soient allés.

Autrement.

Que j'aie été, que tu aies été, qu'il ait été,
Que nous ayons été, que vous ayez été, qu'ils aient été.

PLUS-QUE-PARFAIT.

Que je fusse allé, que tu fusses allé, qu'il fût allé,
Que nous fussions allés, que vous fussiez allés, qu'ils fussent allés.

Autrement.

Que j'eusse été, que tu eusses été, qu'il eût été,
Que nous eussions été, que vous eussiez été, qu'ils eussent été.

(1) Nous avons vu qu'on écrit généralement *va*. Si l'impératif est suivi du pronom *y*, il faut écrire *vas-y* ; mais si après le pronom *y* il y a un autre verbe, il faut écrire *va* sans *s* : *va y voir; va y porter du secours; va y faire un tour*.

Xᵉ.

Conjugaison du verbe S'EN ALLER.

RÈGLE.

Ce verbe se conjugue comme *aller* dans les temps simples ; dans les temps composés, le mot *en* se place avant l'auxiliaire *être* : *je m'*en *suis allé*, et non *je me suis* en *allé*.

INFINITIF.

PRÉSENT.	S'en aller.
PRÉTÉRIT.	S'en être allé.
PARTICIPE PRÉSENT.	S'en allant.
PARTICIPE PASSÉ	Allé, allée.
PARTICIPE PASSÉ RELATIF. . .	S'en étant allé.
FUTUR	Devant s'en aller.

INDICATIF.

PRÉSENT.

Je m'en vais, tu t'en vas, il s'en va,
Nous nous en allons, vous vous en allez, ils s'en vont.

IMPARFAIT.

Je m'en allais, tu t'en allais, il s'en allait,
Nous nous en allions, vous vous en alliez, ils s'en allaient.

PRÉTÉRIT DÉFINI.

Je m'en allai, tu t'en allas, il s'en alla,
Nous nous en allâmes, vous vous en allâtes, ils s'en allèrent.

PRÉTÉRIT INDÉFINI.

Je m'en suis allé, tu t'en es allé, il s'en est allé,
Nous nous en sommes allés, vous vous en êtes allés, ils s'en sont allés (1).

PRÉTÉRIT ANTÉRIEUR.

Je m'en fus allé, tu t'en fus allé, il s'en fut allé,
Nous nous en fûmes allés, vous vous en fûtes allés, ils s'en furent allés.

(1) Au féminin, *je m'en suis allée, tu t'en es allée, elle s'en est allée*, etc ; ainsi de même dans tous les temps composés.

PLUS-QUE-PARFAIT.

Je m'en étais allé, tu t'en étais allé, il s'en était allé,
Nous nous en étions allés, vous vous en étiez allés, ils s'en étaient allés.

FUTUR.

Je m'en irai, tu t'en iras, il s'en ira,
Nous nous en irons, vous vous en irez, ils s'en iront.

FUTUR ANTÉRIEUR.

Je m'en serai allé, tu t'en seras allé, il s'en sera allé,
Nous nous en serons allés, vous vous en serez allés, ils s'en seront allés.

CONDITIONNEL.

PRÉSENT.

Je m'en irais, tu t'en irais, il s'en irait,
Nous nous en irions, vous vous en iriez, ils s'en iraient.

PASSÉ.

Je m'en serais *ou* je m'en fusse allé, tu t'en serais *ou* tu t'en fusses allé, il s'en serait *ou* il s'en fût allé.
Nous nous en serions *ou* nous nous en fussions allés, vous vous en seriez *ou* vous vous en fussiez allés, ils s'en seraient *ou* ils s'en fussent allés.

IMPÉRATIF.

Va-t'en (1), allons-nous-en, allez-vous-en.

SUBJONCTIF.

PRÉSENT.

Que je m'en aille, que tu t'en ailles, qu'il s'en aille,
Que nous nous en allions, que vous vous en alliez, qu'ils s'en aillent.

(1) Comme nous l'avons dit, n'écrivez jamais *va-t-en*, en plaçant le *t* entre deux traits d'union, comme on écrit *va-t-il;* il faut le pronom *te*, dont on retranche l'*e*. La meilleure preuve qu'on puisse en donner, c'est qu'en parlant à quelqu'un qu'on ne tutoie point on dit, *allez-vous-en ;* et puisque dans ce cas on emploie le pronom *vous*, dans l'autre on doit employer le pronom *te*.

IMPARFAIT.

Que je m'en allasse, que tu t'en allasses, qu'il s'en allât,
Que nous nous en allassions, que vous vous en allassiez, qu'ils s'en allassent.

PARFAIT.

Que je m'en sois allé, que tu t'en sois allé, qu'il s'en soit allé,
Que nous nous en soyons allés, que vous vous en soyez allés, qu'ils s'en soient allés.

PLUS-QUE-PARFAIT.

Que je m'en fusse allé, que tu t'en fusses allé, qu'il s'en fût allé,
Que nous nous en fussions allés, que vous vous en fussiez allés, qu'ils s'en fussent allés.

CHAPITRE II.

Verbes irréguliers de la seconde conjugaison.

Ier.

BÉNIR, *verbe à régime direct.*

Il se conjugue comme FINIR. La seule irrégularité de ce verbe, c'est qu'il a deux participes : BÉNI, BÉNIE, et BÉNIT, BÉNITE. *Bénit, bénite*, se dit des choses saintes consacrées par l'Église, et doit être considéré alors comme un pur adjectif : *du pain* BÉNIT, *de l'eau* BÉNITE, *un cierge* BÉNIT, *une chandelle* BÉNITE.

L'autre participe, *béni, bénie*, a toutes les autres significations de son verbe : *les âmes* BÉNIES *de Dieu sont toujours heureuses ; un peuple* BÉNI *de Dieu ; ceux qui assistent les pauvres sont* BÉNIS *de Dieu.*

Conjuguez ce verbe comme *finir*, mais en employant, dans les temps composés, le participe *béni* seulement.

IIe.

HAÏR, *verbe à régime direct (l'*H *est aspirée).*

Ce verbe n'a d'irrégularité que dans la prononciation. Il est de deux syllabes à l'infinitif, et s'écrit avec un tréma sur l'*ï*. Il retient la même prononciation et la même orthographe dans tous les temps, excepté dans les trois personnes singulières du présent de l'indicatif, et dans la seconde personne singulière de l'impératif, où il n'est que d'une seule syllabe, et où il s'écrit sans tréma.

INFINITIF. PRÉSENT. Haïr. — PARTICIPE PRÉSENT. Haïssant. — PARTICIPE PASSÉ. Haï, haïe. — PRÉTÉRIT. Avoir haï. — PARTICIPE PASSÉ RELATIF. Ayant haï. — FUTUR. Devant haïr. — INDICATIF. PRÉSENT. Je hais, tu hais, il hait (1), nous haïssons, vous haïssez, ils haïssent. — IMPARFAIT. Je haïssais, tu haïssais, il haïssait, nous haïssions, vous haïssiez, ils haïssaient. — PRÉTÉRIT DÉFINI. Je haïs, tu haïs, il haït, nous haïmes, vous haïtes, ils haïrent. — PRÉTÉRIT INDÉFINI. J'ai haï. — PRÉTÉRIT ANTÉRIEUR. J'eus haï. — PLUS-QUE-PARFAIT. J'avais haï. — PRÉTÉRIT ANTÉRIEUR INDÉFINI. J'ai eu haï. — FUTUR. Je haïrai, tu haïras, il haïra, nous haïrons, vous haïrez, ils haïront. — FUTUR ANTÉRIEUR. J'aurai haï. — CONDITIONNEL. PRÉSENT. Je haïrais, tu haïrais, il haïrait, nous haïrions, vous haïriez, ils haïraient. — PASSÉ. J'aurais *ou* j'eusse haï. — IMPÉRATIF. Hais (2), haïssons, haïssez. — SUBJONCTIF. PRÉSENT. Que je haïsse, que tu haïsses, qu'il haïsse, que nous haïssions, que vous haïssiez, qu'ils haïssent. — IMPARFAIT. Que je haïsse, que tu haïsses, qu'il haït, que nous haïssions, que vous haïssiez, qu'ils haïssent. — PRÉTÉRIT. Que j'aie haï. — PLUS-QUE-PARFAIT. Que j'eusse haï.

(1) Prononcez je *hès*, tu *hès*, il *hèt*.
(2) Prononcez *hès*.

IIIe.

FLEURIR, *verbe à régimes indirects.*

Ce verbe est régulier dans le sens propre, c'est-à-dire quand il signifie pousser de la fleur, et il se conjugue comme *finir;* mais dans le sens figuré, c'est-à-dire en parlant des sciences et des arts, il fait à l'imparfait de l'indicatif, FLORISSAIT. *Alors la vertu et l'éloquence* FLORISSAIENT; *cet empire* FLORISSAIT.

IVe.

SENTIR, *verbe à régime direct.*

INFINITIF. PRÉSENT. Sentir. — PARTICIPE PRÉSENT. Sentant. — PARTICIPE PASSÉ. Senti, sentie. — PRÉTÉRIT. Avoir senti. — PARTICIPE PASSÉ RELATIF. — Ayant senti. — FUTUR. Devant sentir. — INDICATIF. PRÉSENT. Je sens, tu sens, il sent, nous sentons, vous sentez, ils sentent. — IMPARFAIT. — Je sentais, nous sentions. — PRÉTÉRIT DÉFINI. Je sentis, nous sentîmes. — PRÉTÉRIT INDÉFINI. J'ai senti. — PRÉTÉRIT ANTÉRIEUR. J'eus senti. — PLUS-QUE-PARFAIT. J'avais senti. — PRÉTÉRIT ANTÉRIEUR INDÉFINI. J'ai eu senti. — FUTUR. Je sentirai, nous sentirons. — FUTUR ANTÉRIEUR. J'aurai senti. — CONDITIONNEL. PRÉSENT. Je sentirais, nous sentirions. — PASSÉ. J'aurai *ou* j'eusse senti. — IMPÉRATIF. Sens, sentons, sentez. — SUBJONCTIF. PRÉSENT. Que je sente, que tu sentes, qu'il sente, que nous sentions, que vous sentiez, qu'ils sentent. — IMPARFAIT. Que je sentisse, que tu sentisses, qu'il sentît, que nous sentissions, que vous sentissiez, qu'ils sentissent. — PRÉTÉRIT. Que j'aie senti. — PLUS-QUE-PARFAIT. Que j'eusse senti.

Conjuguez de même les verbes *ressentir, consentir, pressentir, mentir, démentir.*

Ve.

BOUILLIR, *verbe à régimes indirects.*

INFINITIF. PRÉSENT. Bouillir. — PARTICIPE PRÉSENT.

Bouillant. — PARTICIPE PASSÉ. Bouilli, bouillie. — PRÉTÉRIT. Avoir bouilli. — PARTICIPE PASSÉ RELATIF. Ayant bouilli. — FUTUR. Devant bouillir. — INDICATIF. PRÉSENT. Je bous, tu bous, il bout, nous bouillons, vous bouillez, ils bouillent. — IMPARFAIT. Je bouillais, tu bouillais, il bouillait, nous bouillions, vous bouilliez, ils bouillaient. — PRÉTÉRIT DÉFINI. Je bouillis, nous bouillîmes. — PRÉTÉRIT INDÉFINI. J'ai bouilli. — PRÉTÉRIT ANTÉRIEUR. J'eus bouilli. — PRETÉRIT ANTÉRIEUR INDÉFINI. J'ai eu bouilli. — PLUS-QUE-PARFAIT. J'avais bouilli. — FUTUR. Je bouillirai. — FUTUR ANTÉRIEUR. J'aurai bouilli. — CONDITIONNEL. PRÉSENT. Je bouillirais, nous bouillirions. — PASSÉ. J'aurais *ou* j'eusse bouilli. — IMPÉRATIF. Bous, bouillons, bouillez. — SUBJONCTIF. PRÉSENT. Que je bouille, que tu bouilles, qu'il bouille, que nous bouillions, que vous bouilliez, qu'ils bouillent. — IMPARFAIT. Que je bouillisse, que tu bouillisses, qu'il bouillît, que nous bouillissions, que vous bouillissiez, qu'ils bouillissent. — PRÉTÉRIT. Que j'aie bouilli. — PLUS-QUE-PARFAIT. Que j'eusse bouilli.

Ce verbe ne s'emploie guère qu'à la troisième personne, à moins qu'il ne soit pris au figuré : *je bous d'impatience*, et dans ce cas encore on ne s'en sert qu'au présent et à l'imparfait de l'indicatif. On ne dirait pas *j'ai bouilli, j'avais bouilli d'impatience*. Dans le sens naturel, il est plus en usage à l'infinitif qu'à tous les autres temps, mais en y ajoutant le verbe *faire*, qui fait alors la fonction d'auxiliaire, *faire bouillir du lait, de l'eau.*

VIe.

COURIR, *verbe à régimes indirects* (1).

INFINITIF. PRÉSENT. Courir. PARTICIPE PRÉSENT. Courant. — PARTICIPE PASSÉ. Couru, courue, — PRÉTÉRIT. Avoir couru. — PARTICIPE PASSÉ RELATIF. Ayant couru. — FUTUR. Devant courir. — INDICATIF. PRÉSENT. Je cours,

(1) Le verbe *courir* est un verbe à régime direct quand il est pris au figuré. *J'ai couru des dangers. Les périls qu'il a courus.*

tu cours, il court, nous courons, vous courez, il courent. — IMPARFAIT. Je courais, nous courions. — PRÉTÉRIT DÉFINI. Je courus, nous courûmes. — PRÉTÉRIT INDÉFINI. J'ai couru. — PRÉTÉRIT ANTÉRIEUR INDÉFINI. J'ai eu couru. — PLUS-QUE-PARFAIT. J'avais couru. — FUTUR. Je *courrai*, tu *courras*, il *courra*, nous *courrons*, vous *courrez*, ils *courront*. — FUTUR ANTÉRIEUR. J'aurai couru. — CONDITIONNEL. PRÉSENT. Je *courrais*, tu *courrais*, il *courrait*, nous *courrions*, vous *courriez*, ils *courraient*. — PASSÉ. J'aurais *ou* j'eusse couru. — IMPÉRATIF. Cours, courons, courez. — SUBJONCITF. PRÉSENT. Que je coure, que tu coures, que nous courions, que vous couriez, qu'ils courent. — IMPARFAIT. Que je courusse, que tu courusses, qu'il courût, que nous courussions, que vous courussiez, qu'ils courussent. — PRÉTÉRIT. Que j'aie couru. — PLUS-QUE-PARFAIT. Que j'eusse couru.

Conjuguez de même les verbes *accourir*, *concourir*, *discourir*, *encourir*, *parcourir*, *recourir*, *secourir*, *courre* (1).

REMARQUE. *Accourir*, se conjugue comme *courir*; mais il reçoit indifféremment l'un ou l'autre *auxiliaire;* on dit également *j'*AI *accouru*, je SUIS *accouru*, selon le sens.

VIIe.

DÉFAILLIR, *verbe à régimes indirects, défectif.*

INFINITIF. PRÉSENT. Défaillir. — PARTICIPE PRÉSENT. Défaillant (*peu usité*). — PARTICIPE PASSÉ. Défailli. — PRÉTÉRIT. Avoir défailli, ayant défailli. — FUTUR. Devant défaillir. — INDICATIF. PRÉSENT. Je défaille, nous défaillons. — IMPARFAIT. Je défaillais. — PRÉTÉRIT. Je défaillis. J'ai défailli. J'eus défailli. (Il n'est pas usité aux autres temps ni aux autres modes.)

(1) Le verbe *courre* n'a d'action qu'en termes de chasse. On dit : *j'ai courre le cerf; il a courre le cerf.*

VIIIe.

FAILLIR, *verbe à régimes indirects, irrégulier et défectif.*

INFINITIF. PRÉSENT. Faillir. — PARTICIPE PRÉSENT. Faillant. — PARTICIPE PASSÉ. Failli. — PRÉTÉRIT. Avoir failli. — PARTICIPE PASSÉ RELATIF. Ayant failli. — FUTUR. Devant faillir. — INDICATIF. PRÉSENT. Je faux, tu faux, il faut, nous faillons, vous faillez, ils faillent. — (*Hors d'usage à l'imparfait.*) PRÉTÉRIT DÉFINI. Je faillis, tu faillis, il faillit, nous faillîmes, vous faillîtes, ils faillirent. — PRÉTÉRIT INDÉFINI. J'ai failli. — PRÉTERIT ANTÉRIEUR. J'eus failli. — PRÉTÉRIT ANTÉRIEUR INDÉFINI. J'ai eu failli. — PLUS-QUE-PARFAIT. J'avais failli. — FUTUR. (*peu en usage*). Je faudrai, nous faudrons. — FUTUR ANTÉRIEUR. *Quand* j'aurai failli. — CONDITIONNEL (*Hors d'usage au présent*). — PASSÉ. J'aurais *ou* j'eusse failli. — IMPÉRATIF. Faux, faillons, faillez. — SUBJONCTIF. PRÉSENT. Que je faille, que tu failles, qu'il faille, que nous faillions, que vous failliez, qu'ils faillent. — IMPARFAIT. Que je faillisse, que tu faillisses, qu'il faillît, que nous faillissions, que vous faillissiez, qu'ils faillissent. — PRÉTÉRIT. Que j'aie failli. — PLUS-QUE-PARFAIT. Que j'eusse failli.

REMARQUE. La plupart des temps simples de ce verbe sont hors d'usage; mais il est en usage à tous ses temps composés.

IXe.

FUIR, *verbe à régime direct et à régimes indirects* (1).

INFINITIF. Fuir. — Fuyant. — Fui, fuie, avoir fui. — Ayant fui. — Devant fuir. — INDICATIF. PRÉSENT. Je

(1) *Fuir* est verbe régime direct quand il veut dire éviter le danger, abandonner quelqu'un.

Il fuit l'ennemi ; ses amis le fuient.

Il est verbe à régimes indirects quand il veut dire courir pour se sauver, courir par crainte.

Il a fui devant l'ennemi; il fuira après sa faillite.

fuis, tu fuis, il fuit, nous *fuyons*, vous *fuyez*, ils fuient. — IMPARFAIT. Je fuyais, tu fuyais, il fuyait, nous *fuyions*, vous *fuyiez* (1), ils fuyaient. — PRÉTÉRIT DÉFINI. Je fuis, tu fuis, il fuit, nous fuîmes, vous fuîtes, ils fuirent. — PRÉTÉRIT INDÉFINI. J'ai fui. — PRÉTÉRIT ANTÉRIEUR. J'eus fui. — PRÉTÉRIT ANTÉRIEUR INDÉFINI. J'ai eu fui. — PLUS-QUE-PARFAIT. J'avais fui. — FUTUR. Je fuirai, nous fuirons. — FUTUR ANTÉRIEUR. J'aurai fui. — CONDITIONNEL. PRÉSENT. Je fuirais, nous fuirions. — PASSÉ. J'aurais *ou* j'eusse fui. — IMPÉRATIF. Fuis, *fuyons*, *fuyez*. — SUBJONCTIF. PRÉSENT. Que je fuie, que tu fuies, qu'il fuie, que nous *fuyions*, que vous *fuyiez* (2), qu'ils fuient. — IMPARFAIT. Que je fuisse, que tu fuisses, qu'il fuît, que nous fuissions, que vous fuissiez, qu'ils fuissent. — PRÉTÉRIT. Que j'aie fui. — PLUS-QUE-PARFAIT. Que j'eusse fui.

Conjuguez de même le verbe *s'enfuir*.

Xe.

GÉSIR, *verbe à régimes indirects et défectif.*

INFINITIF. *Peu usité*. — PARTICIPE PRÉSENT. Gisant. — INDICATIF. PRÉSENT. Il gît, nous gisons. — IMPARFAIT. Il gisait. (Il n'est pas usité aux autres temps ni aux autres modes.

Ci gît.

XIe.

MOURIR, *verbe à régimes indirects.*

Il prend l'auxiliaire ÊTRE *dans ses temps composés.*

INFINITIF. Mourir. — Mourant. — Mort, morte, étant mort *ou* étant morte. — Devoir être mort *ou* morte. —

(1) On sait qu'à l'imparfait il faut un *i* de plus qu'au présent : c'est pourquoi ce temps a dans ce verbe un *y* et un *i*. Nous *fuyions*, vous *fuyiez*.

(2) Les deux premières personnes plurielles du présent du subjonctif sont semblables aux deux mêmes personnes de l'imparfait de l'indicatif.

Devant mourir. — INDICATIF. PRÉSENT. Je *meurs*, tu *meurs*, il *meurt*, nous mourons, vous mourez, ils *meurent* (1). — IMPARFAIT. Je mourais, tu mourais, il mourait, nous mourions, vous mouriez, ils mouraient. — PRÉTÉRIT DÉFINI. Je mourus, tu mourus, il mourut, nous mourûmes, vous mourûtes, ils moururent. — PRÉTÉRIT INDÉFINI. Je suis mort, tu es mort, il est mort, nous sommes morts, vous êtes morts, ils sont morts. — PRÉTÉRIT ANTÉRIEUR. Je fus mort, nous fûmes morts. — PRÉTÉRIT ANTÉRIEUR INDÉFINI. J'ai été mort. — PLUS-QUE-PARFAIT. J'étais mort, nous étions morts. — FUTUR. Je *mourrai*, tu *mourras*, il *mourra*, nous *mourrons*, vous *mourrez*, ils *mourront*. — FUTUR ANTÉRIEUR. Je serai mort, nous serons morts. — CONDITIONNEL. PRÉSENT. Je *mourrais*, tu *mourrais*, il *mourrait*, nous *mourrions*, vous *mourriez*, ils *mourraient*. — PASSÉ. Je serais *ou* je fusse mort, nous serions *ou* nous fussions mort. — IMPÉRATIF. *meurs*, mourons, mourez. — SUBJONCTIF. PRÉSENT. Que je *meure*, que tu *meures*, qu'il *meure*, que nous mourions, que vous mouriez, qu'ils *meurent*. — IMPARFAIT. Que je mourusse, que tu mourusses, qu'il mourût, que nous mourussions, que vous mourussiez, qu'ils mourussent. — PRÉTÉRIT. Que je sois mort, que nous soyons morts. — PLUS-QUE-PARFAIT. Que je fusse mort, que nous fussions morts.

XIIe.

ACQUÉRIR, *verbe à régime direct.*

INFINITIF. Acquérir. — Acquérant. — Acquis, acquise. — Avoir acquis. — Ayant acquis. — Devant acquérir. — INDICATIF. PRÉSENT. J'acquiers, tu acquiers, il acquiert, nous acquérons, vous acquérez, ils acquièrent. — IMPARFAIT. J'acquérais, tu acquérais, il acquérait, nous acquérions, vous acquériez, ils acquéraient. — PRÉTÉRIT DÉFINI. J'acquis, tu acquis, il acquit, nous acquîmes, vous acquîtes, ils acquirent. — PRÉTÉRIT INDÉFINI. J'ai acquis. — PRÉTÉRIT ANTÉRIEUR. J'eus acquis. — PRÉTÉRIT ANTÉRIEUR IN-

(1) On comprend que ce verbe est pris au figuré dans presque toutes ses premières et secondes personnes. *Je suis morte de frayeur. Je mourrais de peur. Tu mourrais à la peine.*

DÉFINI. J'ai eu acquis. — PLUS-QUE-PARFAIT. J'avais acquis. — FUTUR. J'acquerrai, tu acquerras, il acquerra, nous acquerrons, vous acquerrez, ils acquerront. — CONDITIONNEL. PRÉSENT. J'acquerrais, tu acquerrais, il acquerrait, nous acquerrions, vous acquerriez, ils acquerraient. — PASSÉ. J'aurais *ou* j'eusse acquis. — IMPÉRATIF. Acquiers, acquérons, acquérez. — SUBJONCTIF. PRÉSENT. Que j'acquière, que tu acquières, qu'il acquière, que nous acquérions, que vous acquériez, qu'ils acquièrent. — IMPARFAIT. Que j'acquisse, que tu acquisses, qu'il acquît, que nous acquissions, que vous acquissiez, qu'ils acquissent. — PRÉTÉRIT. Que j'aie acquis. — PLUS-QUE-PARFAIT. Que j'eusse acquis.

Conjuguez de même les verbes *conquérir*, *enquérir*, *requérir*, *reconquérir*. ENQUÉRIR se conjugue avec le pronom réfléchi : *S'enquérir*, *je m'enquiers*, etc. Il signifie s'informer, faire recherche.

XIIIe.

OUÏR, *verbe à régime direct, défectif.*

INFINITIF. Ouïr. — INDICATIF. PRÉSENT. J'*ois*, tu *ois*, il *oit*, nous *oyons*, vous *oyez*, ils *oient* ; mais ce temps, ni l'imparfait, j'*oyais*, ni le futur, j'*oirai*, ne sont plus en usage, non plus que les temps qui en sont formés. On ne se sert maintenant de ce verbe qu'au prétérit défini, j'*ouïs*, à l'imparfait du subjonctif, que j'*ouïsse*, à l'infinitif, et dans tous les temps formés du participe *ouï* et du verbe *avoir : j'ai ouï*, *nous avons ouï*, *j'eusse ouï*, *nous eussions ouï*, *j'avais ouï*, *nous avons ouï*, etc., et encore est-il vieux, excepté dans cette phrase : *j'ai ouï dire*.

Un savetier chantait du matin jusqu'au soir :
C'était merveille de le voir,
Merveille de l'*ouïr*, etc.

LA FONTAINE.

Il ne faut jamais dire aux gens
Écoutez un bon mot, *oyez* une merveille.

LE MÊME.

XIVe.

QUÉRIR, *verbe à régime direct.*

Il signifie proprement chercher, avec charge d'amener celui qu'on nous envoie chercher, ou d'apporter la chose dont il est question ; mais il n'est d'usage qu'à l'infinitif, et avec les verbes *aller*, *venir*, *envoyer*. *Allez me* QUÉRIR *un tel. Il est allé me* QUÉRIR *quelque chose. Je l'ai envoyé* QUÉRIR. *Il m'est venu* QUÉRIR. Il est vieux ou familier.

XVe.

VÊTIR, *verbe à régime direct.*

INFINITIF. Vêtir. — Vêtant. — Vêtu, vêtue, avoir vêtu. — Ayant vêtu. — Devant vêtir. — INDICATIF. PRÉSENT. Je vêts, tu vêts, il vêt, nous vêtons, vous vêtez, ils vêtent. (*Le singulier de ce temps n'est guère d'usage.*) (1). — IMPARFAIT. Je vêtais. — PRÉTÉRIT DÉFINI. Je vêtis, nous vêtîmes. — J'ai vêtu. — J'eus vêtu. — J'avais vêtu. — Je vêtirai. — J'aurai vêtu. — CONDITIONNEL. Je vêtirais, j'aurais *ou* j'eusse vêtu. — IMPÉRATIF. Vêts, vêtons, vêtez. (*Ce mode est peu d'usage*). SUBJONCTIF. Que je vête, que tu vêtes, qu'il vête, que nous vêtions, que vous vêtiez, qu'ils vêtent. — Que je vêtisse, que tu vêtisses, qu'il vêtît, que nous vêtissions, que vous vêtissiez, qu'ils vêtissent. — Que j'aie vêtu. — Que j'eusse vêtu.

Conjuguez de même les verbes *dévêtir*, *revêtir*, et *survêtir*.

XVIe.

SORTIR, *verbe à régime direct et à régimes indirects.*

SORTIR, verbe à régimes indirects, signifie

(1) Quelques bons auteurs écrivent *vêtit* au lieu de *vêt* : *Il se vêtit chaudement ;* mais c'est une faute.

passer du dedans au dehors ; *une personne est sortie*, et, dans ce cas, il se conjugue avec *être*.

Sortir, verbe à régime direct, signifie 1° passer du dedans au dehors pour les choses seulement :

J'ai sorti ce linge de l'armoire.

2° Tirer quelqu'un d'affaire :

J'ai sorti cet homme d'affaire.

3° Obtenir, avoir (termes du barreau) (1), et dans ce cas, il ne se conjugue qu'à certains temps. Sortir, verbe à régime direct, se conjugue avec *avoir*.

Avec ÊTRE :	*Avec* AVOIR :
INFINITIF.	
PRÉSENT.	
Sortir.	Sortir.
PARTICIPE PRÉSENT.	
Sortant.	Sortant.
PARTICIPE PASSÉ.	
Sorti, sortie.	Sorti, sortie.
PRÉTÉRIT.	
Être sorti.	Avoir sorti.
PARTICIPE PASSÉ RELATIF.	
Étant sorti.	Ayant sorti.

(1) *Sortir*, en terme de jurisprudence, s'emploie seulement à la troisième personne et à quelques temps.

INDICATIF PRÉSENT, *il sortit* ; IMPARFAIT, *il sortissait* ; PARTICIPE PRÉSENT, *sortissant*.

Ce jugement a sorti son plein et entier effet.
J'entends que cette clause sortisse.

Avec ÊTRE :	*Avec* AVOIR :

FUTUR.

Devant sortir.	Devant sortir.

INDICATIF.

PRÉSENT.

Je sors, tu sors, il sort, Nous sortons, vous sortez, ils sortent.	De même dans les temps simples.

IMPARFAIT.

Je sortais, tu sortais, il sortait,
Nous sortions, vous sortiez, ils sortaient.

PRÉTÉRIT DÉFINI.

Je sortis, tu sortis, il sortit,
Nous sortîmes, vous sortîtes, ils sortirent.

PRÉTÉRIT INDÉFINI.

Je suis sorti *ou* sortie, Nous sommes sortis *ou* sorties.	J'ai sorti, Nous avons sorti.

PRÉTÉRIT ANTÉRIEUR.

Quand Je fus sorti, Nous fûmes sortis.	*Quand* J'eus sorti, Nous eûmes sorti.

PRÉTÉRIT ANTÉRIEUR INDÉFINI.

	J'ai eu sorti.

PLUS-QUE-PARFAIT.

J'étais sorti, Nous étions sortis.	J'avais sorti, Nous avions sorti.

FUTUR.

Je sortirai, etc	Je sortirai, etc.

Avec ÊTRE :	*Avec* AVOIR.

FUTUR ANTÉRIEUR.

Quand	*Quand*
Je serai sorti,	J'aurai sorti,
Nous serons sortis.	Nous aurons sorti.

CONDITIONNEL.

PRÉSENT.

Je sortirais, etc.	Je sortirais, etc.

PASSÉ.

Je serais *ou* je fusse sorti.	J'aurais *ou* j'eusse sorti.

IMPÉRATIF.

Sors, sortons, sortez.	Sors, sortons, sortez.

SUBJONCTIF.

PRÉSENT.

Il faut	*Il faut*
Que je sorte,	Que je sorte,
Que tu sortes,	Que tu sortes,
Qu'il sorte,	Qu'il sorte,
Que nous sortions,	Que nous sortions,
Que vous sortiez,	Que vous sortiez,
Qu'ils sortent.	Qu'ils sortent.

IMPARFAIT.

Il fallait	*Il fallait*
Que je sortisse,	Que je sortisse,
Que tu sortisses,	Que tu sortisses,
Qu'il sortît,	Qu'il sortît,
Que nous sortissions,	Que nous sortissions,
Que vous sortissiez,	Que vous sortissiez,
Qu'ils sortissent.	Qu'ils sortissent.

PRÉTÉRIT.

Que je sois sorti,	Que j'aie sorti,
Que nous soyons sortis.	Que nous ayons sorti.

PLUS-QUE-PARFAIT.

Que je fusse sorti,
Que nous fussions sortis.

Conjuguez de même le verbe à régime indirect *ressortir*, qui signifie *sortir de nouveau.*

Que j'eusse sorti,
Que nous eussions sorti.

Conjuguez de même les verbes *assortir*, mettre plusieurs choses ensemble, en sorte qu'elles se conviennent; *désassortir*, ôter ou déplacer quelqu'une des choses qui avaient été assorties; et *ressortir*, verbe à régimes indirects, qui signifie être du ressort, de la dépendance de quelque juridiction.

XVIIe.

DORMIR, *verbe à régimes indirects.*

Il prend l'auxiliaire AVOIR.

INFINITIF. Dormir (1). — Dormant. — Dormi, avoir dormi. — Ayant dormi. — Devant dormir. — INDICATIF. Je dors, tu dors, il dort, nous dormons, vous dormez, ils dorment. — Je dormais, nous dormions. — Je dormis, nous dormîmes. — J'ai dormi. — J'eus dormi. — J'avais dormi. — J'ai eu dormi. — Je dormirai, nous dormirons. — J'aurai dormi. — CONDITIONNEL. Je dormirais, nous dormirions. — J'aurais *ou* j'eusse dormi. — IMPÉRATIF. Dors, dormons, dormez. — SUBJONCTIF. Que je dorme. — Que je dormisse. — Que j'aie dormi. — Que j'eusse dormi.

Endormir, verbe à régime direct, se conjugue de de même.

XVIIIe.

PARTIR, *verbe à régimes indirects.*

Il se conjugue comme SORTIR, *et prend de même l'auxiliaire* ÊTRE.

INFINITIF. Partir. — Partant. — Parti, partie, être

(1) Nous ne croyons plus nécessaire d'énoncer les différents temps de chaque mode; on est censé les connaître parfaitement.

parti. — Étant parti. — Devant partir. — INDICATIF. Je pars, tu pars, il part, nous partons, vous partez, ils partent. — Je partais. — Je partis. — Je suis parti. — Je partirai. — Je serai parti. — CONDITIONNEL. Je partirais. — Je serais *ou* je fusse parti. — IMPÉRATIF. Pars, partons, partez. — SUBJONCTIF. Que je parte. — Que je partisse. — Que je sois parti. — Que je fusse parti.

XIXe. REPARTIR, verbe à régimes indirects, partir de nouveau. Il se conjugue absolument comme *partir*, dans tous ses temps.

XXe. REPARTIR, verbe à régimes indirects ; il signifie *répliquer, répondre sur-le-champ*. Il se conjugue comme *partir* dans ses temps simples, et comme *finir* dans ses temps composés.

XXIe.

RÉPARTIR, *verbe à régime direct.*

Il signifie *partager*, *distribuer*. Il se conjugue dans tous ses temps comme *finir*.

Je répartis, nous répartissons ; je répartissais, nous répartissions ; j'ai réparti, nous avons réparti. (Voyez *Finir*.)

XXIIe.

OUVRIR, *verbe à régime direct.*

INFINITIF. Ouvrir. — Ouvrant. — Ouvert, ouverte, avoir ouvert. — Ayant ouvert. — Devant ouvrir. — INDICATIF. J'ouvre (1), tu ouvres, il ouvre, nous ouvrons, vous ouvrez, ils ouvrent. — J'ouvrais, nous ouvrions. — J'ouvris, nous ouvrîmes. — J'ai ouvert. — J'eus ouvert. — J'avais ouvert. — J'ai eu ouvert. — J'ouvrirai. — J'au-

(1) Ce verbe a, au présent de l'indicatif, la même finale que les verbes de la première conjugaison, c'est-à-dire un *e* muet.

rai ouvert. — CONDITIONNEL. J'ouvrirais, nous ouvririons. — J'aurais *ou* j'eusse ouvert. — IMPÉRATIF. Ouvre, ouvrons, ouvrez. — SUBJONCTIF. Que j'ouvre, que tu ouvres, qu'il ouvre, que nous ouvrions, que vous ouvriez, qu'ils ouvrent. — Que j'ouvrisse, que tu ouvrisses, qu'il ouvrît, que nous ouvrissions, que vous ouvrissiez, qu'ils ouvrissent. — Que j'aie ouvert. — Que j'eusse ouvert.

Conjuguez de même les verbes *couvrir*, *découvrir*, *entr'ouvrir*, *recouvrir*, *rouvrir*, *souffrir*, *offrir*.

XXIIIe.

CUEILLIR, *verbe à régime direct.*

INFINITIF. Cueillir. — Cueillant. — Cueilli, cueillie, avoir cueilli. — Ayant cueilli. — Devant cueillir. — INDICATIF. Je cueille (1), tu cueilles, il cueille, nous cueillons, vous cueillez, ils cueillent. — Je cueillais, nous cueillions, vous cueilliez. — Je cueillis, nous cueillîmes. — J'ai cueilli. — J'eus cueilli — J'avais cueilli. — Je cueillerai. — J'aurai cueilli. — CONDITIONNEL. Je cueillerais, nous cueillerions. — J'aurais *ou* j'eusse cueilli. — IMPÉRATIF. Cueille, cueillons, cueillez. — SUBJONCTIF. Que je cueille, que tu cueilles, qu'il cueille, que nous cueillions, que vous cueilliez, qu'il cueillent. — Que je cueillisse, que tu cueillisses, qu'il cueillît, que nous cueillissions, que vous cueillissiez, qu'ils cueillissent. — Que j'aie cueilli. — Que j'eusse cueilli.

Conjuguez de même les verbes *accueillir*, *recueillir*, *se recueillir*.

XXIVe. SAILLIR (2), verbe à régimes indirects, jaillir avec impétuosité, et par secousses. Il ne se dit que

XXVe. SAILLIR, verbe à régimes indirects, terme d'architecture. Il se dit d'un balcon, d'une corniche et

(1) Ce verbe a aussi, au présent de l'indicatif, la même finale que les verbes de la première conjugaison.

(2) Ce verbe est complet par lui-même, et a rarement besoin d'un régime.

des choses liquides, et en ce sens, il se conjugue comme *finir : Je saillis, tu saillis, il saillit, nous saillissons, vous saillissez, ils saillissent. — Je saillissais. — J'ai sailli. — Je saillirai. — Je saillirais*, etc. Mais ce verbe n'est en usage qu'aux troisièmes personnes du singulier et du pluriel.

d'autres ornements d'architecture qui débordent le nu du mur. En ce sens, on le conjugue ainsi : *Je saille, tu sailles, il saille*, etc. ; mais il n'est d'usage qu'à la troisième personne de certains temps, et à l'infinitif. *Ce balcon* saille *trop. Cette corniche* saillera *trop*, saillerait *trop*. Saillant est plutôt adjectif que participe présent.

XXVIe.

ASSAILLIR, *verbe à régime direct.*

Ce verbe signifie attaquer vivement.

INFINITIF. Assaillir. — Assaillant. — Assailli, assaillie, avoir assailli. — Ayant assailli. — Devant assaillir. — INDICATIF. J'assaille, tu assailles, il assaille, nous assaillons, vous assaillez, ils assaillent. — J'assaillais, nous assaillions. — J'assaillis, nous assaillîmes. — J'ai assailli. — J'eus assailli. — J'avais assailli. — J'ai eu assailli. — J'assaillerai, nous assaillerons. — J'aurai assailli. — CONDITIONNEL. J'assaillerais, nous assaillerions. — J'aurais *ou* j'eusse assailli. — IMPÉRATIF. Assaille, assaillons, assaillez. — SUBJONCTIF. Que j'assaille, que tu assailles, qu'il assaille, que nous assaillions, que vous assailliez, qu'ils assaillent. — Que j'assaillisse, que tu assaillisses, qu'il assaillît, que nous assaillissions, que vous assaillissiez, qu'ils assaillissent. — Que j'aie assailli. — Que j'eusse assailli.

Le verbe à régimes indirects *tressaillir* se conjugue de même.

Quelques bons écrivains écrivent au présent de l'indicatif *je tressaillis*, mais c'est pour l'euphonie, il faut *je tressaille*, et au futur *je tressaillirai.*

On me dit qu'il y a une lettre, je TRESSAILLE, *je*

la demande, agité d'une mortelle impatience; je la reçois enfin. J. J. ROUSSEAU.

Un jeune animal, tranquille habitant des forêts, qui tout à coup entend le son éclatant d'un cor ou le bruit subit et nouveau d'une arme à feu, TRESSAILLIT, *bondit et fuit par la seule violence de la secousse qu'il vient d'éprouver.* BUFFON.

XXVIIe.

JAILLIR, *verbe à régimes indirects.*

Il signifie *saillir, sortir avec impétuosité.* Il ne se dit au sens propre que de l'eau, ou de quelque autre chose de fluide; et, par conséquent, il n'est d'usage qu'aux troisièmes personnes.

Il jaillit. — Il jaillissait. — Il jaillit. — Il a jailli. — Il eut jailli. — Il avait jailli. — Il a eu jailli. — Il jaillira. — Il aura jailli. — Il jaillirait. — Il aurait *ou* il eût jailli. — Qu'il jaillisse. — Qu'il jaillît. — Qu'il ait jailli. — Qu'il eût jailli.

Le verbe *rejaillir* se conjugue de même.

XXVIIIe.

TENIR, *verbe à régime direct* (1).

INFINITIF. Tenir. — Tenant. — Tenu, tenue, avoir tenu. — Ayant tenu. — Devant tenir. — INDICATIF. Je tiens, tu tiens, il tient, nous tenons, vous tenez, ils tiennent. — Je tenais, nous tenions. — Je tins, tu tins, il tint, nous tînmes, vous tîntes, ils tinrent. — J'ai tenu. — J'eus tenu. — J'avais tenu. — J'ai eu tenu. — Je tiendrai, nous tien-

(1) A moins qu'il ne signifie *être attaché à.*

Je tiens à finir ma tâche.

Il tient à son chien.

drons. — J'aurai tenu. — CONDITIONNEL. Je tiendrais, nous tiendrions. — J'aurais *ou* j'eusse tenu. — IMPÉRATIF. Tiens, tenons, tenez. — SUBJONCTIF. Que je tienne, que tu tiennes, qu'il tienne, que nous tenions, que vous teniez, qu'ils tiennent. — Que je tinsse, que tu tinsses, qu'il tînt, que nous tinssions, que vous tinssiez, qu'ils tinssent. — Que j'aie tenu. — Que j'eusse tenu.

Il faut conjuguer de même les verbes *s'abstenir*, *appartenir*, *contenir*, *détenir*, *entretenir*, *maintenir*, *obtenir*, *retenir*, *soutenir*.

XXXIe.

VENIR, *verbe à régimes indirects.*

Il prend l'auxiliaire ÊTRE.

INFINITIF. — Venir. — Venant. — Venu, venue, être venu. — Étant venu. — Devant venir. — INDICATIF. Je viens, tu viens, il vient, nous venons, vous venez, ils viennent. — Je venais, nous venions. — Je vins, tu vins, il vint, nous vînmes, vous vîntes, ils vinrent. — Je suis venu, nous sommes venus. — Je fus venu, nous fûmes venus. — J'étais venu, nous étions venus. — Je viendrai, nous viendrons. — Je serai venu, nous serons venus. — CONDITIONNEL. Je viendrais, nous viendrions. — Je serais *ou* je fusse venu, nous serions *ou* nous fussions venus. — IMPÉRATIF. Viens, venons, venez. — SUBJONCTIF. Que je vienne, que tu viennes, qu'il vienne, que nous venions, que vous veniez, qu'ils viennent. — Que je vinsse, que tu vinsses, qu'il vînt, que nous vinssions, que vous vinssiez, qu'ils vinssent. — Que je sois venu, que nous soyons venus. — Que je fusse venu, que nous fussions venus.

Il faut conjuguer de même les verbes *devenir*, *disconvenir*, *intervenir*, *parvenir*, *redevenir*, *revenir*, avec l'auxiliaire ÊTRE dans les temps composés.

Mais *circonvenir*, à régime direct, *prévenir*, à régime direct, et *subvenir*, à régimes indirects, prennent l'auxiliaire AVOIR.

Contrevenir prend indifféremment *avoir* ou *être*, selon le sens. *Convenir* prend *être* quand il signifie *demeuré d'accord;* mais il prend *avoir* quand il signifie *être convenable : cette maison nous* A CONVENU, *et nous* SOMMES CONVENUS *de l'acheter.*

CHAPITRE III.

Verbes irréguliers de la troisième conjugaison.

Ier.

CHOIR, *verbe à régimes indirects* (1).

Il ne se dit qu'à l'infinitif et au participe, *chu.* Il signifie tomber, être porté de haut en bas par son propre poids, ou par impulsion. *Prenez garde de vous laisser* CHOIR. *On lui donna un coup qui le fit* CHOIR. Le participe *chu* prend l'auxiliaire *être.* Il est familier.

Un astrologue un jour se laissa *choir*
Au fond d'un puits.

LA FONTAINE.

IIe.

DÉCHOIR, *verbe à régimes indirects.*

Il signifie tomber dans un état moins bon que celui où l'on était.

INFINITIF. Déchoir. — (*Point de participe présent.*) — Déchu, déchue, être déchu. — Étant déchu. — Devant déchoir. — INDICATIF. Je déchois, tu déchois, il déchoit,

(1) Ce verbe s'emploie sans régimes.

nous déchoyons, vous déchoyez, ils déchoient. (*Point d'imparfait.*) — Je déchus, tu déchus, il déchut, nous déchûmes, vous déchûtes, ils déchurent. — Je suis déchu. — Je fus déchu. — J'étais déchu. Je décherrai. — Je serai déchu. — CONDITIONNEL. Je décherrais. — Je serais *ou* je fusse déchu. — (*Hors d'usage à l'impératif.*) — SUBJONCTIF. Que je déchoie; que tu déchoies, qu'il déchoie, que nous déchoyions, que vous déchoyiez, qu'ils déchoient. — Que je déchusse, qu'il déchût. — Que je sois déchu. — Que je fusse déchu.

L'âge la fit *déchoir.*

IIIe.

ÉCHOIR, *verbe à régimes indirects.*

Il se dit ordinairement des choses qui arrivent par sort ou par cas fortuit.

Au présent de l'indicatif, il n'est d'usage qu'aux troisièmes personnes.

INFINITIF. Échoir. — Échéant. — Échu, échue, être échu. — Étant échu. — Devant échoir. — INDICATIF. Il échoit. — (*Point d'imparfait.*) — J'échus, il échut. — Il est échu. — Il fut échu. — Il était échu. — Il écherra, ils écherront. — Il sera échu. — CONDITIONNEL. Il écherrait, ils écherraient. — il serait *ou* il fût échu. — (*Hors d'usage à l'impératif.*) — SUBJONCTIF. Qu'il échée, qu'ils échéent. — Que j'échusse, qu'il échût. — Que je sois échu, qu'il soit échu. — Qu'il fût échu.

Ce verbe est très en usage dans les phrases suivantes : *Le premier terme* ÉCHOIT *dans un mois. Le premier paiement doit* ÉCHOIR *après-demain. Ce billet est* ÉCHU. *Cette lettre de change est* ÉCHUE.

La seconde, par droit, me doit *échoir* encor.

Le second terme *échu*, l'autre lui redemande
Sa maison, sa chambre, son lit.

Voici pourtant un cas où tout l'honneur *échut*
A l'hôte des terriers.

LA FONTAINE.

IVᵉ.

FALLOIR, *verbe impersonnel* (*Voy. page* 65).

(*Voy. page* 65)

Vᵉ.

MOUVOIR, *verbe à régime direct.*

Il signifie remuer, faire aller d'un lieu à un autre, faire changer de place, mettre en mouvement. Ses temps composés ne sont pas usités.

INFINITIF. Mouvoir. — Mouvant. — Mu, mue, avoir mu. — Ayant mu. — Devant mouvoir. — INDICATIF. Je meus, tu meus, il meut, nous mouvons, vous mouvez, ils meuvent. — Je mouvais, nous mouvions. — Je mus, tu mus, il mut, nous mûmes, vous mûtes, ils murent. — J'ai mu. — J'eus mu. — J'avais mu — J'ai eu mu. — Je mouvrai. — J'aurai mu. — CONDITIONNEL. Je mouvrais, nous mouvrions. — J'aurais *ou* j'eusse mu. — IMPÉRATIF. Meus, mouvons, mouvez. — SUBJONCTIF. Que je meuve, que tu meuves, qu'il meuve, que nous mouvions, que vous mouviez, qu'ils meuvent. — Que je musse, que tu musses, qu'il mût, que nous mussions, que vous mussiez, qu'ils mussent (*peu usité*). — Que j'aie mu. — Que j'eusse mu.

Conjuguez de même *émouvoir*, *se mouvoir*, *s'émouvoir.*

VIᵉ.

PLEUVOIR, *verbe impersonnel.*

Pleuvoir. — Plu. — Avoir plu. — Ayant plu. — Devant pleuvoir. — Il pleut. — Il pleuvait. — Il plut. — Il a plu. — *Quand* il eut plu. — Il avait plu. — Il a eu plu. Il pleuvra. — *Quand* il aura plu. — Il pleuvrait. — Il aurait *ou* il eût plu. — (*Point d'impératif.*) — Qu'il pleuve. — Qu'il plût. — qu'il ait plu. — Qu'il eût plu.

VIIe.

POUVOIR, *verbe à régimes indirects.*

INFINITIF. Pouvoir. — Pouvant. — Pu, avoir pu. — Ayant pu. — Devant pouvoir. INDICATIF. Je puis *ou* je peux (*ce dernier est familier*), tu peux, il peut, nous pouvons, vous pouvez, ils peuvent. — Je pouvais, nous pouvions. — Je pus, tu pus, il put, nous pûmes, vous pûtes, ils purent. — J'ai pu. — J'eus pu. — J'avais pu. — J'ai eu pu. — Je pourrai, tu pourras, il pourra, nous pourrons, vous pourrez, ils pourront. — J'aurai pu. — CONDITIONNEL. Je pourrais, tu pourrais, il pourrait, nous pourrions, vous pourriez, ils pourraient. — J'aurais *ou* j'eusse pu. — (*Hors d'usage à l'impératif* (1).) — SUBJONCTIF. Que je puisse, que tu puisses, qu'il puisse, que nous puissions, que vous puissiez, qu'ils puissent. — Que je pusse, que tu pusses, qu'il pût, que nous pussions, que vous pussiez, qu'ils pussent. — Que j'aie pu. — Que j'eusse pu.

VIIIe.

SAVOIR, *verbe à régime direct.*

INFINITIF. Savoir. — Sachant. — Su, sue, avoir su. — Ayant su. — Devant savoir. — INDICATIF. Je sais, tu sais, il sait, nous savons, vous savez, ils savent. — Je savais, nous savions. — Je sus, tu sus, ils sut, nous sûmes, vous sûtes, ils surent. — J'ai su. — J'eus su. — J'avais su. — J'ai eu su. — Je saurai. — J'aurai su. — CONDITIONNEL. Je saurais, nous saurions. — J'aurais *ou* j'eusse su. — IMPÉRATIF. Sache, sachons, sachez. — SUBJONCTIF. Que je sache, que tu saches, qu'il sache, que nous sachions, que vous sachiez, qu'ils sachent. — Que je susse, que tu susses, qu'il sût, que nous sussions, que vous sussiez, qu'ils sussent. — Que j'aie su. — Que j'eusse su.

(1) *Puisses-tu* est regardé mal à propos par quelques grammairiens comme un impératif : c'est le présent du subjonctif. *Je souhaite que tu puisses.*

IXe.

SEOIR, *verbe à régimes indirects.*

Il signifie être convenable à la personne, à la condition, au lieu, etc. Dans ce sens, il est sans *participe passé*, et par conséquent sans temps composés. Il ne s'emploie qu'aux troisièmes personnes de quelques temps : *Il sied.* — *Ils siéent.* — *Il seyait.* — *Il siéra.* — *Il siérait.* — *Il faut voir si cela vous* SIED *ou ne vous* SIED *pas. Cela vous* SIED *à merveille. Les couleurs trop voyantes ne vous* SIÉRONT *pas. La coiffure que cette dame portait lui* SEYAIT *mal.*

On l'emploie aussi impersonnellement. *Il vous* SIED *bien de reprendre les autres. Il* SIED *mal à un homme en place d'être léger dans ses discours.*

Il y a des personnes à qui les défauts SIÉENT, *et d'autres qui sont disgraciées par leurs bonnes qualités.*

La Rochefoucault.

SEOIR, signifie aussi *être assis, être situé.* Dans ce sens, il n'est plus en usage qu'à ses participes, *séant*, et *sis*, qu'on emploie adjectivement. *Le roi* SÉANT *en son lit de justice; la cour de justice* SÉANTE *à Paris; une maison* SISE *rue Saint-Honoré.*

X[e].

ASSEOIR, *verbe à régime direct.*

Il signifie mettre dans un siége, ou poser sur un piédestal, etc.

Il se conjugue comme le verbe réfléchi *s'asseoir*, dont nous donnons la conjugaison ci-après (*Voyez ce verbe.*)

XIe.

S'ASSEOIR, *verbe réfléchi à régime direct.*

INFINITIF. PRÉSENT. S'asseoir. — PARTICIPE PRÉSENT. S'asseyant. — PARTICIPE PASSÉ. Assis, *pour le masculin;* assise, *pour le féminin.* — S'être assis. — S'étant assis. — Devant s'asseoir. INDICATIF. PRÉSENT. Je m'assieds, tu t'assieds, il *ou* elle s'assied, nous nous asseyons, vous vous asseyez, ils *ou* elles s'asseient. — IMPARFAIT. Je m'asseyais, tu t'asseyais, il *ou* elle s'asseyait, nous nous *asseyions*, vous vous *asseyiez*, ils *ou* elles s'asseyaient. — PRÉTÉRIT DÉFINI. Je m'assis, tu t'assis, il *ou* elle s'assit; nous nous assîmes, vous vous vous assîtes, ils *ou* elles s'assirent. — PRÉTÉRIT INDÉFINI. Je me suis *assis*, nous nous sommes *assis*, pour le masculin; je me suis *assise*, nous nous sommes *assises*, pour le féminin. — PRÉTÉRIT ANTÉRIEUR. *Quand* je me fus assis. — PLUS-QUE-PARFAIT. Je m'étais assis. — FUTUR. Je m'assierai (1), tu t'assiéras, il *ou* elle s'assiéra, nous nous nous assiérons, vous vous assiérez, ils *ou* elles s'assiéront. — FUTUR ANTÉRIEUR. *Quand* je me serai assis. — CONDITIONNEL. Je m'assiérais, tu t'assiérais, il *ou* elle s'assiérait, nous nous assiérions, vous vous assiériez, ils *ou* elles s'assieraient. — Je me serais *ou* je me fusse assis. — IMPÉRATIF. Assieds-toi, asseyons-nous, asseyez-vous. — SUBJONCTIF. PRÉSENT. Que je m'asseie, que tu t'asseies, qu'il s'asseie, que nous nous *asseyions*, que vous vous *asseyiez*, qu'ils s'asseient. — IMPARFAIT. Que je m'assisse, que tu t'assisses, qu'il s'assît, que nous nous assissions, que vous vous assissiez, qu'ils s'assissent. — PRÉTÉRIT. Que je me sois assis. — PLUS-QUE-PARFAIT. Que je me fusse assis.

Conjuguez de même les verbes *asseoir*, *rasseoir*, et *se rasseoir*.

(1) Ce verbe fait encore, au futur et au conditionnel, *je m'assoirai. je m'assoirais*; mais le premier est le plus en usage.

XIIᵉ.

PROMOUVOIR, *verbe défectif.*

Il n'est usité qu'au présent de l'infinitif, au participe passé, et aux temps composés : *promouvoir, promu, promue,* et seulement dans le sens passif. *Il a été promu à cette place.*

XIIIᵉ.

SURSEOIR, *verbe à régimes indirects.*

Il signifie suspendre, remettre, différer. Il ne se dit que des affaires, des procédures.

Je sursois, tu sursois, il sursoit, nous sursoyons, vous sursoyez, ils sursoient. — Je sursoyais. — Je sursis. — Je surseoirai. — Je surseoirais. — Que je sursoie, que nous *sursoyions.* — Que je sursisse. — PARTICIPE. Surseyant, sursis, sursise.

SURSIS, participe de *surseoir*, se prend quelquefois substantivement en terme de Palais, et signifie *délai : ordonner un* SURSIS, *obtenir un* SURSIS.

XIVᵉ.

VALOIR, *verbe tantôt à régime direct, tantôt à régimes indirects.*

INFINITIF. Valoir. — Valant. — Valu, value, avoir valu. — Ayant valu. — Devant valoir. — INDICATIF. Je vaux, tu vaux, il vaut, nous valons, vous valez, ils valent. — Je valais, nous valions. — Je valus, nous valûmes. — J'ai valu. — J'eus valu. — J'avais valu. — J'ai eu valu. — Je vaudrai, nous vaudrons. — J'aurai valu. — CONDITIONNEL. Je vaudrais, nous vaudrions. — J'aurais *ou* j'eusse valu. — IMPÉRATIF. Vaux, valons, valez. (*L'impératif de ce verbe est peu en usage.*) — SUBJONCTIF. Que je vaille, que tu vailles, qu'il vaille, que nous valions, que vous valiez, qu'ils vaillent. — Que je valusse, que tu valusses, qu'il valût, que nous valussions, que vous valussiez, qu'ils valussent. — Que j'aie valu. — Que j'eusse valu.

Conjuguez de même le verbe *prévaloir;* mais celui-ci fait au présent du subjonctif que je *prévale*, que tu *prévales*, qu'il *prévale*, que nous *prévalions*, que vous *prévaliez*, qu'ils *prévalent* (1).

XVe.

VOIR, *verbe à régime direct.*

INFINITIF. Voir. — Voyant. — Vu, vue, avoir vu. — Ayant vu. — Devant voir. — INDICATIF. — Je vois, tu vois, il voit, nous voyons, vous voyez, ils voient. — Je voyais, tu voyais, il voyait, nous *voyions*, vous *voyiez*, ils voyaient. — Je vis, tu vis, il vit, nous vîmes, vous vîtes, ils virent. — J'ai vu. — J'eus vu. — J'avais vu. — J'ai eu vu. — Je *verrai*, tu *verras*, il *verra*, nous *verrons*, vous *verrez*, ils *verront*. — J'aurai vu. — CONDITIONNEL. Je *verrais*, nous verrions. — J'aurais *ou* j'eusse vu. — IMPÉRATIF. Vois, voyons, voyez. — SUBJONCTIF. Que je voie, que tu voies, qu'il voie, que nous *voyions*, que vous *voyiez*, qu'ils voient. — Que je visse, que tu visses, qu'il vît, que nous vissions, que vous vissiez, qu'ils vissent. — Que j'aie vu. — Que j'eusse vu.

Conjuguez de même les verbes *revoir* et *entrevoir*. *Prévoir* se conjugue comme *voir*, excepté au futur et au conditionnel, où il fait je *prévoirai*, tu *prévoiras*, il *prévoira*, nous *prévoirons*, vous *prévoirez*, ils *prévoiront*. — Je *prévoirais*, nous *prévoirions*.

Pourvoir se conjugue aussi comme *voir*, excepté dans les temps suivants :

1° PRETÉRIT DÉFINI. Je pourvus, tu pourvus, il pourvut, nous pourvûmes, vous pourvûtes, ils pourvurent.

(1) Il est presque toujours verbe réfléchi : *se prévaloir*.

2° Futur. Je pourvoirai, tu pourvoiras, il pourvoira, nous pourvoirons, vous pourvoirez, ils pourvoiront.

3° Conditionnel, présent. Je pourvoirais, tu pourvoirais, il pourvoirait, nous pourvoirions, vous pourvoiriez, ils pourvoiraient.

4° Subjonctif, imparfait. Que je pourvusse, que tu pourvusses, qu'il pourvût, que nous pourvussions, que vous pourvussiez, qu'ils pourvussent.

XVIe.

VOULOIR, *verbe à régime direct.*

INFINITIF. Vouloir. — Voulant. — Voulu, voulue, avoir voulu. — Ayant voulu. — Devant vouloir. — INDICATIF. Je veux, tu veux, il veut, nous voulons, vous voulez, ils veulent. — Je voulais, nous voulions. — Je voulus, nous voulûmes. — J'ai voulu. — J'eus voulu. — J'avais voulu. — J'ai eu voulu. — Je voudrai, nous voudrons. — J'aurai voulu. — CONDITIONNEL. Je voudrais, nous voudrions. — J'aurais *ou* j'eusse voulu. — IMPÉRATIF. Veuille, veuillons, veuillez. — SUBJONCTIF. Que je veuille, que tu veuilles, qu'il veuille, que nous voulions, que vous vouliez, qu'ils veuillent. — Que je voulusse, que tu voulusses, qu'il voulût, que nous voulussions, que vous voulussiez, qu'ils voulussent. — Que j'aie voulu. — Que j'eusse voulu.

CHAPITRE IV.

Verbes irréguliers de la quatrième conjugaison.

Ier.

PLAIRE, *verbe à régimes indirects.*

INFINITIF. — Plaire. — Plaisant. — Plu, avoir plu. — Ayant plu. — Devant plaire. — INDICATIF. Je plais, tu plais, il plaît, nous plaisons, vous plaisez, ils plaisent. — Je plaisais, nous plaisions. — Je plus, nous plûmes. — J'ai plu. — J'eus plu. — J'avais plu. — J'ai eu plu. — Je plairai. — J'aurai plu. — CONDITIONNEL. Je plairais, nous plairions. — J'aurais *ou* j'eusse plu. — IMPÉRATIF. Plais, plaisons, plaisez. — SUBJONCTIF. Que je plaise, que tu plaises, qu'il plaise, que nous plaisions, que vous plaisiez, qu'ils plaisent. — Que je plusse, que tu plusses, qu'il plût, que nous plussions, que vous plussiez, qu'ils plussent. — Que j'aie plu. — Que j'eusse plu.

Taire (1), *complaire* et *déplaire* se conjuguent de même.

IIe.

BRAIRE, *verbe défectif* (2) *à régimes indirects.*

Il ne s'emploie guère qu'à l'infinitif, aux troisièmes personnes du présent de l'indicatif, *il brait, ils braient;* et aux troisièmes personnes du futur et du conditionnel, *il braira, ils brairont; il brairait, ils brairaient.* Les autres temps sont peu d'usage. Il ne se dit que pour signifier le cri de l'âne. *Le propre de l'âne est de* BRAIRE.

IIIe.

FAIRE, *verbe à régime direct.*

INFINITIF. Faire. — Faisant (3). — Fait, faite, avoir fait. — Ayant fait. — Devant faire (4). — INDICATIF. Je

(1) *Taire* est presque toujours verbe pronominal, *se taire.* On dit cependant *taire un secret.*

(2) Complet par lui-même et n'ayant pas besoin de régimes.

(3) Prononcez, *fesant.*

(4) Très-souvent le verbe *faire* a pour régime un autre verbe, *faire souffrir, faire apprendre, faire faire quelque chose.* C'est alors que quelques grammairiens le regardent comme auxiliaire.

fais, tu fais, il fait, nous faisons (1), vous *faites*, ils font. — Je faisais (2), tu faisais, il faisait, nous faisions, vous faisiez, ils faisaient. — Je fis, tu fis, il fit, nous fîmes, vous fîtes, ils firent. — J'ai fait. — J'eus fait. — J'avais fait. — J'ai eu fait. — Je ferai, nous ferons. — J'aurai fait. — CONDITIONNEL. Je ferais, nous ferions. — J'aurais *ou* j'eusse fait. — IMPÉRATIF. Fais, faisons (3), *faites*. — SUBJONCTIF. Que je fasse, que tu fasses, qu'il fasse, que nous fassions, que vous fassiez, qu'ils fassent. — Que je fisse, que tu fisses, qu'il fît, que nous fissions, que vous fissiez, qu'ils fissent. — Que j'aie fait. — Que j'eusse fait.

Conjuguez de même les verbes *contrefaire*, *défaire*, *forfaire*, *méfaire*, *refaire*, *surfaire*, *satisfaire*.

Forfaire et *méfaire* sont peu en usage.

IVe.

TRAIRE, *verbe à régime direct, défectif.*

INFINITIF. Traire. — Trayant. — Trait, traite, avoir trait. — Ayant trait. — Devant traire. — INDICATIF. Je trais, tu trais, il trait, nous trayons, vous trayez, ils traient. — Je trayais, tu trayais, il trayait, nous *trayions*, vous *trayiez*, ils trayaient. — (*Point de prétérit défini.*) — J'ai trait. — J'eus trait. — J'avais trait. — J'ai eu trait. — Je trairai, nous trairons. — J'aurai trait. — CONDITIONNEL. Je trairais, nous trairions. — J'aurais *ou* j'eusse trait. — IMPÉRATIF. Trais, trayons, trayez. — SUBJONCTIF. Que je traie que tu traies, qu'il traie, que nous *trayions*, que vous *trayiez*, qu'ils traient. — (*Point d'imparfait, parce qu'il n'y a point de prétérit défini.*) Que j'aie trait. — Que j'eusse trait.

Abstraire, *attraire*, *distraire*, *extraire*, *retraire*,

(1) Prononcez, *fesons*.

(2) Prononcez, je *fesais*, tu *fesais*, il *fesait*, nous *fesions*, vous *fesiez*, ils *fesaient*.

(3) Prononcez, *fesons*.

soustraire, se conjuguent de même, et sont sans prétérit défini et sans imparfait au subjonctif.

Ve.

CONNAÎTRE, *verbe à régime direct, défectif.*

INFINITIF. Connaître. — Connaissant. — Connu, connue, avoir connu. — Ayant connu. — Devant connaître. — INDICATIF. Je connais, tu connais, il connaît, nous connaissons, vous connaissez, ils connaissent. — Je connaissais, nous connaissions. — Je connus, tu connus, il connut, nous connûmes, vous connûtes, ils connurent. — J'ai connu. — J'eus connu. — J'avais connu. — J'ai eu connu. — Je connaîtrai, nous connaîtrons. — J'aurai connu. — CONDITIONNEL. Je connaîtrais, nous connaîtrions. — J'aurais *ou* j'eusse connu. — IMPÉRATIF. Connais, connaissons, connaissez. — SUBJONCTIF. Que je connaisse, que tu connaisses, qu'il connaisse, que nous connaissions, que vous connaissiez, qu'ils connaissent. — Que je connusse, que tu connusses, qu'il connût, que nous connussions, que vous connussiez, qu'ils connussent. — Que j'aie connu. — Que j'eusse connu.

Conjuguez de même les verbes *reconnaître*, *méconnaître*, *paraître*, *apparaître*, *disparaître*, *comparaître*, *reparaître*, *accroître*, *croître*, *décroître*, et *recroître*.

Paraître et *reparaître* prennent toujours l'auxiliaire *avoir* dans leurs temps composés; mais *apparaître*, *disparaître*, *comparaître*, *croître*, *décroître*, *accroître* et *recroître* prennent indifféremment *avoir* ou *être* dans leurs temps composés.

VIe.

NAÎTRE, *verbe à régimes indirects.*

Il se conjugue avec le verbe ÊTRE.

INFINITIF. Naître. — Naissant. — Né, née, être né *ou*

née. — Étant né. — Devant naître. — INDICATIF. Je nais, tu nais, il naît, nous naissons, vous naissez, ils naissent. — Je naissais, nous naissions. — Je naquis, tu naquis, il naquit, nous naquîmes, vous naquîtes, ils naquirent. — Je suis né, nous sommes nés. — Je fus né, nous fûmes nés. — J'étais né, nous étions nés. (Au féminin, *née, nées.*) — Je naîtrai, nous naîtrons. — Je serai né. — CONDITIONNEL. Je naîtrais, nous naîtrions. — Je serais *ou* je fusse né. — IMPÉRATIF. Nais, naissons, naissez. — SUBJONCTIF. Que je naisse, que tu naisses, qu'il naisse, que nous naissions, que vous naissiez, qu'ils naissent. — Que je naquisse, que tu naquisses, qu'il naquît, que nous naquissions, que vous naquissiez, qu'ils naquissent. — Que je sois né. — Que je fusse né.

Renaître se conjugue de même.

VIIe.

PAÎTRE et REPAÎTRE, *tantôt à régime direct, tantôt à régimes indirects.*

Ces deux verbes sont réguliers, mais défectifs. Ils n'ont ni le *prétérit défini* ni l'*imparfait du subjonctif.* Les temps composés ne sont d'usage qu'en terme de fauconnerie : *il a pu et repu.*

Je pais, tu pais, il paît, nous paissons, vous paissez, ils paissent. — Il paissait. — Il paîtra. — Il paîtrait. — Qu'il paisse, qu'ils paissent.

Il se dit proprement des bestiaux qui broutent l'herbe, qui la mangent sur la racine. *Paître l'herbe. Paître dans un jardin. Se repaître.*

VIIIe.

RÉDUIRE, *verbe à régime direct.*

INFINITIF. Réduire. — Réduisant. — Réduit, réduite, avoir réduit. — Ayant réduit. — Devant réduire. — INDICATIF. Je réduis, tu réduis, il réduit, nous réduisons, vous réduisez, ils réduisent. — Je reduisais, nous réduisions. — Je réduisis, nous réduisîmes. — J'ai réduit. — J'eus réduit. — J'avais réduit. — J'ai eu réduit. — Je réduirai, nous réduirons. — J'aurai réduit. — CONDITIONNEL. Je réduirais, nous réduirions. — J'aurais *ou* j'eusse réduit. — IMPÉRATIF. Réduis, réduisons, réduisez. — SUBJONCTIF. Que je réduise, que tu réduises, qu'il réduise, que nous réduisions, que vous réduisiez, qu'ils réduisent. — Que je réduisisse, que tu réduisisses, qu'il réduisît, que nous réduisissions, que vous réduisissiez, qu'ils réduisissent. — Que j'aie réduit. — Que j'eusse réduit.

Conjuguez de même les verbes *conduire*, *éconduire*, *enduire*, *déduire*, *induire*, *introduire*, *reconduire*, *séduire*, *traduire*, *instruire*, *construire*, *produire*, *reproduire*.

IXe.

BRUIRE, *verbe à régimes indirects.*

Il n'est d'usage qu'à l'infinitif et aux troisièmes personnes de l'imparfait de l'indicatif. Dans les autres temps, on dit *faire du bruit*. *On entend* BRUIRE *les vagues*, *le vent*, *le tonnerre*. *Les flots* BRUYAIENT.

Ce verbe n'a point de participe passé, et par conséquent point de temps composés. Le participe présent *bruyant* n'est souvent qu'un adjectif : *flots bruyants*, *trompettes bruyantes*, *voix bruyantes*.

X^e^.

CIRCONCIRE (1), *verbe actif.*

Ce verbe est hors d'usage au participe présent et à l'imparfait de l'indicatif.

(1) Cérémonie en usage chez les Israélites.

INDICATIF. Je circoncis, tu circoncis, il circoncit, nous circoncisons, vous circoncisez, ils circoncisent. — Je circoncis, nous circoncîmes. — Je circoncirai. — Je circoncirais. — Que je circoncise. — Que je circoncisse. — PARTICIPE PASSÉ. Circoncis, circoncise.

XIe.

LUIRE, *verbe défectif à régimes indirects*.

Il signifie *éclairer*, *jeter* ou *répandre de la lumière.*

INFINITIF. Luire. — Luisant. — Lui, avoir lui. — Ayant lui. — Devant luire. — INDICATIF. Je luis, tu luis, il luit, nous luisons, vous luisez, ils luisent. — Je luisais, nous luisions. — (*Point de prétérit défini.*) J'ai lui. — J'eus lui. — J'avais lui. — J'ai eu lui. — Je luirai. — J'aurai lui. — CONDITIONNEL. Je luirais. — J'aurais *ou* j'eusse lui. — IMPÉRATIF. Luis, luisons, luisez. — SUBJONCTIF. Que je luise, que tu luises, qu'il luise, que nous luisions, que vous luisiez, qu'ils luisent. (*Point d'imparfait, parce qu'il n'y a point de prétérit défini.*) — Que j'aie lui. — Que j'eusse lui.

Reluire se conjugue de même.

XIIe.

NUIRE, *verbe à régimes indirects.*

INFINITIF. Nuire. — Nuisant. — Nui, avoir nui. — Ayant nui. — Devant nuire. — INDICATIF. Je nuis, tu nuis, il nuit, nous nuisons, vous nuisez, ils nuisent. — Je nuisais. — Je nuisis, nous nuisîmes. — J'ai nui. — J'eus nui. — J'avais nui. — J'ai eu nui. — Je nuirai. — J'aurai nui. — CONDITIONNEL. Je nuirais. — J'aurais *ou* j'eusse nui. — IMPÉRATIF. Nuis, nuisons, nuisez. — SUBJONCTIF. Que je nuise, que nous nuisions. — Que je nuisisse, que tu nuisisses, qu'il nuisît, que nous nuisissions, que vous nuisissiez, qu'ils nuisissent. — Que j'aie nui. — Que j'eusse nui.

XIIIe.

CONFIRE, *verbe à régime direct.*

INFINITIF. Confire. — Confisant. — Confit, confite, avoir confit. — Ayant confit. — Devant confire. — INDICATIF. Je confis, tu confis, il confit, nous confisons, vous confisez, ils confisent. — Je confisais, nous confisions. — Je confis, nous confîmes. — J'ai confit. — J'eus confit. — J'avais confit. — J'ai eu confit. — Je confirai. — J'aurai confit. — CONDITIONNEL. Je confirais, nous confirions. — J'aurais *ou* j'eusse confit. — IMPÉRATIF. Confis, confisons, confisez. — SUBJONCTIF. Que je confise, que nous confisions. — Que je confisse, que tu confisses, qu'il confît, que nous confissions, que vous confissiez, qu'ils confissent. — Que j'aie confit. — Que j'eusse confit.

XIVe.

CROIRE, *verbe à régime direct* (1).

INFINITIF. Croire. — Croyant. — Cru, crue, avoir cru. — Ayant cru. — Devant croire. — INDICATIF. Je crois, tu crois, il croit, nous croyons, vous croyez, ils croient. — Je croyais, tu croyais, il croyait, nous *croyions*, vous *croyiez*, ils croyaient. — Je crus, nous crûmes. — J'ai cru. — J'eus cru. — J'avais cru. — J'ai eu cru. — Je croirai. — J'aurai cru. — CONDITIONNEL. Je croirais. — J'aurais *ou* j'eusse cru. — IMPÉRATIF. Crois, croyons, croyez. — SUBJONCTIF. Que je croie, que tu croies, qu'il croie, que nous *croyions*, que vous *croyiez*, qu'ils croient. — Que je crusse, que tu crusses, qu'il crût, que nous crussions, que vous crussiez, qu'ils crussent. — Que j'aie cru. — Que j'eusse cru.

XVe.

DIRE, *verbe à régime direct.*

INFINITIF. Dire. — Disant. — Dit, dite, avoir dit. —

(1) Il est quelquefois verbe à régimes indirects.

Croire à quelque chose.

J'ai cru à sa parole.

Ayant dit. — Devant dire. — INDICATIF. Je dis, tu dis, il dit, nous disons, vous *dites*, ils disent. — Je disais, nous disions. — Je dis, tu dis, il dit, nous dîmes, vous dîtes, ils dirent. — J'ai dit. — J'eus dit. — J'avais dit. — J'ai eu dit. — Je dirai. — J'aurai dit. — CONDITIONNEL. Je dirais, nous dirions. — J'aurais *ou* j'eusse dit. — IMPÉRATIF. Dis, disons, *dites*. — SUBJONCTIF. Que je dise, que nous disions. — Que je disse, que tu disses, qu'il dît, que nous dissions, que vous dissiez, qu'ils dissent. — Que j'aie dit. — Que j'eusse dit.

Redire se conjugue de même; mais les autres composés, *dédire*, *contredire*, *médire*, *prédire*, forment régulièrement la seconde personne plurielle du présent de l'indicatif. On dit, vous *dites* et vous *redites;* mais on dit, vous *dédisez*, vous *contredisez*, vous *interdisez*, vous *médisez*, vous *prédisez*. La même chose a lieu pour la seconde personne plurielle de l'impératif. Le reste se conjugue comme *dire*.

XVIe.

MAUDIRE, *verbe à régime direct.*

Ce verbe se conjugue comme *finir*, excepté au participe passé, où il fait *maudit*, *maudite*. (Voyez FINIR.)

XVIIe.

ÉCRIRE, *verbe à régime direct.*

INFINITIF. Écrire. — Écrivant. — Écrit, écrite, avoir écrit. — Ayant écrit. — Devant écrire. — INDICATIF. J'écris, tu écris, il écrit, nous écrivons, vous écrivez, ils écrivent. — J'écrivais. — J'écrivis, nous écrivîmes. — J'ai écrit. — J'eus écrit. — J'avais écrit. — J'ai eu écrit. — J'écrirai. — J'aurai écrit. — CONDITIONNEL. J'écrirais. — J'aurais *ou* j'eusse écrit. — IMPÉRATIF. Écris, écrivons, écrivez. — SUBJONCTIF. Que j'écrive, que nous écrivions. — Que j'écrivisse, que tu écrivisses, qu'il écrivît, que nous écrivissions, que vous écrivissiez, qu'ils écrivissent. — Que j'aie écrit. — Que j'eusse écrit.

Conjuguez de même les verbes *circonscrire, décrire, prescrire, proscrire, récrire, souscrire, transcrire.*

XVIIIe.

FRIRE, *verbe défectif à régime direct.*

Ce verbe n'a, à l'infinitif, que le présent, *frire*, et le participe passé, *frit*; à l'indicatif, il n'a que les trois personnes singulières du présent, *je fris, tu tu fris, il frit;* le futur, *je frirai;* au conditionnel, *je frirais;* à l'impératif, il n'a que la seconde personne du singulier, *fris.* Pour suppléer aux temps qui manquent, on se sert du verbe *faire* et de l'infinitif *frire*, comme : nous *faisons frire*, vous *faites frire*, ils *font frire.* — Je *faisais frire.* — Je *fis frire.* — Que je *fasse frire.* — Que je *fisse frire.* — *Faisant frire* (1).

Ayant le participe passé *frit*, il a tous les temps composés : *J'ai frit.* — *J'eus frit.* — *J'avais frit.* — *J'aurai frit.* — *J'aurais frit.* — *Que j'aie frit.* — *Que j'eusse frit.* — *Avoir frit. Ayant frit.*

XIXe.

LIRE, *verbe à régime direct.*

INFINITIF. Lire. — Lisant. — Lu, lue, avoir lu. — Ayant lu. — Devant lire. — INDICATIF. Je lis, tu lis, il lit, nous lisons, vous lisez, ils lisent. — Je lisais, nous lisions. — Je lus, nous lûmes. — J'ai lu. — J'eus lu. — J'avais lu. — J'ai eu lu. — Je lirai, nous lirons. — J'aurai lu. — CONDITIONNEL. Je lirais, nous lirions. — J'aurais *ou* j'eusse lu. — IMPÉRATIF. Lis, lisons, lisez. — SUB-

(1) *Faire* remplit alors la fonction d'auxiliaire.

JONCTIF. Que je lise, que tu lises, qu'il lise, que nous lisions, que vous lisiez, qu'ils lisent. — Que je lusse, que tu lusses, qu'il lût, que nous lussions, que vous lussiez, qu'ils lussent. — Que j'aie lu. — Que j'eusse lu.

Élire et *relire* se conjuguent de même.

XXe.

RIRE, *verbe à régimes indirects.*

INFINITIF. — Rire. — Avoir ri. — Riant. — Ri, ayant ri. — Devant rire. — INDICATIF. Je ris, tu ris, il rit, nous rions, vous riez, ils rient. — Je riais, tu riais, il riait, nous *riions*, vous *riiez*, ils riaient. — Je ris, tu ris, il rit, nous rîmes, vous rîtes, ils rirent. — J'ai ri. — J'eus ri. — J'avais ri. — J'ai eu ri. — Je rirai, nous rirons. — J'aurai ri. — CONDITIONNEL. Je rirais, nous ririons. — J'aurais *ou* j'eusse ri. — IMPÉRATIF. Ris, rions, riez. — SUBJONCTIF. Que je rie, que tu ries, qu'il rie, que nous *riions*, que vous *riiez*, qu'ils rient. — Que je risse, que tu risses, qu'il rît, que nous rissions, que vous rissiez, qu'ils rissent. — Que j'aie ri. — Que j'eusse ri.

Sourire, verbe à régimes indirects, se conjugue de même.

XXIe.

SUFFIRE, *verbe à régimes indirects.*

INFINITIF. Suffire. — Suffisant. — Suffi, avoir suffi. — Ayant suffi. — Devant suffire. — INDICATIF. Je suffis, tu suffis, il suffit, nous suffisons, vous suffisez, ils suffisent. — Je suffisais, nous suffisions. — Je suffis, nous suffîmes. J'ai suffi. — J'eus suffi. — J'avais suffi. — J'ai eu suffi. — Je suffirai. — J'aurai suffi. — CONDITIONNEL. Je suffirais, nous suffirions. — J'aurais *ou* j'eusse suffi. — IMPÉRATIF. Suffis, suffisons, suffisez. — SUBJONCTIF. Que je suffise, que nous suffisions. — Que je suffisse, que nous suffissions. — Que j'aie suffi. — Que j'eusse suffi.

XXIIe.

BOIRE, *verbe à régime direct.*

INFINITIF. Boire. — Buvant. — Bu, bue, avoir bu. — Ayant bu. — Devant boire. — INDICATIF. Je bois, tu bois, il boit, nous buvons, vous buvez, ils boivent. — Je buvais, nous buvions. — Je bus, nous bûmes. — J'ai bu. — J'eus bu. — j'avais bu. — J'ai eu bu. — Je boirai. — J'aurai bu. — CONDITIONNEL. Je boirais. — J'aurais *ou* j'eusse bu. — IMPÉRATIF. Bois, buvons, buvez. — SUBJONCTIF. Que je boive, que tu boives, qu'il boive, que nous buvions, que vous buviez, qu'ils boivent. — Que je busse, que tu busses, qu'il bût, que nous bussions, que vous bussiez, qu'ils bussent. — Que j'aie bu. — Que j'eusse bu.

XXIIIe.

CLORE, *verbe à régime direct.*

INFINITIF. Clore. — (*Point de participe présent.*) — Clos, close, avoir clos. — Ayant clos. — Devant clore. — INDICATIF. Je clos, tu clos, il clôt. (*Point de pluriel au présent de l'indicatif.*) — (*Point d'imparfait.*) — (*Point de prétérit défini.*) — J'ai clos. — J'eus clos. — J'avais clos. — J'ai eu clos. — Je clôrai. — J'aurai clos. — CONDITIONNEL. Je clôrais. — J'aurais *ou* j'eusse clos. — IMPÉRATIF. Clos. (*Point d'autres personnes à ce mode.*) — SUBJONCTIF. (*Point de présent.*) — (*Point d'imparfait.*) — Que j'aie clos. — Que j'eusse clos.

Enclore se conjuge de même.

XXIVe.

ÉCLORE, *verbe à régimes indirects.*

Ce verbe n'est d'usage qu'aux troisièmes personnes des temps suivants :

INFINITIF. Éclore. Être éclos *ou* éclose. — (*Point de

participe présent.) — Éclos, éclose. — Avoir éclos. — Ayant éclos. — Devant éclore. — INDICATIF. Il éclôt, ils éclosent. — (*Point d'imparfait ni de prétérit défini.*) — Il est éclos *ou* elle est éclose, ils sont éclos *ou* elles sont écloses. — *Quand* il fut éclos *ou* elle fut éclose. — Il était éclos *ou* elle était éclose. — Il éclôra, ils éclôront. — Il sera éclos *ou* elle sera éclose. — CONDITIONNEL. Il éclôrait, ils éclôraient. — Il serait éclos *ou* elle serait éclose. — (*Hors d'usage à l'impératif.*) — SUBJONCTIF. Qu'il éclose, qu'ils éclosent. — (*Point d'imparfait.*) Qu'il soit éclos, qu'elle soit éclose. — Qu'il fût éclos, qu'elle fût éclose.

XXVe.

CONCLURE, *verbe à régime direct.*

INFINITIF. Conclure. — Concluant. — Conclu, conclue. — Avoir conclu. — Ayant conclu. — Devant conclure. — INDICATIF. Je conclus, tu conclus, il conclut, nous concluons, vous concluez, ils concluent. — Je concluais, nous concluïons, vous concluïez. — Je conclus, nous conclûmes. — J'ai conclu. — J'eus conclu. — J'avais conclu. — J'ai eu conclu. — Je conclurai. — J'aurai conclu. — CONDITIONNEL. Je conclurais. — J'aurais *ou* j'eusse conclu. — IMPÉRATIF. Conclus, concluons, concluez. — SUBJONCTIF. Que je conclue, que tu conclues, qu'il conclue, que nous concluions, que vous concluiez, qu'ils concluent. — Que je conclusse, que nous conclussions. — Que j'aie conclu. — Que j'eusse conclu.

Exclure se conjugue comme *conclure;* mais il a deux participes passés, *exclu, exclue; exclus, excluse.* On les emploie indifféremment.

XXVIe.

PLAINDRE, *verbe à régime direct.*

INFINITIF. Plaindre. — Plaignant. — Plaint, plainte. — Avoir plaint. — Ayant plaint. — Devant plaindre. — INDICATIF. Je plains, tu plains, il plaint. Nous plaignons, vous plaignez, ils plaignent. — Je plaignais, nous plaignions. — Je plaignis, nous plaignîmes. — J'ai plaint (1). — J'eus plaint. — J'avais plaint. — J'ai eu plaint. — Je plaindrai. — J'aurai plaint. — CONDITIONNEL. Je plaindrais, nous plaindrions. — J'aurais *ou* j'eusse plaint. — IMPÉRATIF. Plains, plaignons, plaignez. — SUBJONCTIF. Que je plaigne, que nous plaignions. — Que je plaignisse. — Que j'aie plaint. — Que j'eusse plaint.

Conjuguez de même les verbes suivants : *Craindre, contraindre, astreindre, atteindre, ceindre, déteindre, empreindre, enceindre, enfreindre, peindre, repeindre, dépeindre, restreindre, teindre, joindre, conjoindre, rejoindre, disjoindre, déjoindre, enjoindre.*

XXVIIe.

ABSOUDRE, *verbe à régime direct.*

INFINITIF. Absoudre. — Absolvant. — Absous, absoute. — Avoir absous. — Ayant absous. — Devant absoudre. — INDICATIF. J'absous, tu absous, il absout, nous absolvons, vous absolvez, ils absolvent. — J'absolvais, nous absolvions. — (*Point de prétérit défini.*) — J'ai absous. — J'eus absous. — J'avais absous. — J'ai eu absous. — J'absoudrai. — J'aurai absous. — CONDITIONNEL. J'absoudrais, nous absoudrions. — J'aurais *ou* j'eusse absous. — IMPÉRATIF. Absous, absolvons, absolvez. — SUBJONCTIF. Que j'absolve, que tu absolves, qu'il absolve, que nous absolvions, que vous absolviez, qu'ils absolvent. — (*Point d'imparfait, parce qu'il n'y a point de prétérit défini.*) — Que j'aie absous. — Que j'eusse absous.

La plus grande irrégularité de ce verbe est au participe passé, qui fait au masculin *absous* et au féminin *absoute.*

Dissoudre se conjugue de même.

(1) Tous les verbes en *aindre* et en *eindre* suppriment le *d* au présent de l'indicatif.

Résoudre se conjugue comme *absoudre;* mais il a le prétérit défini, *je résolus, nous résolûmes;* et l'imparfait du subjonctif, *que je résolusse.* Il a aussi deux participes passés : *résolu*, quand il signifie *décidé;* et *résous*, quand il signifie *réduit;* mais dans ce dernier sens le participe n'a point de féminin.

XXVIIIe.

COUDRE, *verbe à régime direct.*

INFINITIF. Coudre. — Cousant. — Cousu, cousue. — Avoir cousu. — Ayant cousu. Devant coudre. INDICATIF. Je couds, tu couds, il coud, nous cousons, vous cousez, ils cousent. — Je cousais, nous cousions. — Je cousis, nous cousîmes. — J'ai cousu. — J'eus cousu. — J'avais cousu. — J'ai eu cousu. — Je coudrai, nous coudrons. — J'aurai cousu. — CONDITIONNEL. Je coudrais, nous coudrions. — J'aurais *ou* j'eusse cousu. IMPÉRATIF. Couds, cousons, cousez. — SUBJONCTIF. Que je couse, que nous cousions. — Que je cousisse, que nous cousissions. — Que j'aie cousu. — Que j'eusse cousu.

Découdre et *recoudre* se conjuguent de même.

XXIXe.

METTRE, *verbe à régime direct.*

INFINITIF. Mettre. — Mettant. — Mis, mise. — Avoir mis. — Ayant mis. — Devant mettre. — INDICATIF. Je mets (1), tu mets, il met, nous mettons, vous mettez, ils mettent. — Je mettais, nous mettions. — Je mis, nous mîmes. — J'ai mis. — J'eus mis. — J'avais mis. — J'ai eu mis. — Je mettrai, nous mettrons. — J'aurai mis. — CONDITIONNEL. Je mettrais, nous mettrions. — J'aurais *ou* j'eusse mis. — IMPÉRATIF. Mets, mettons, mettez. —

(1) Tous les verbes qui ont deux *tt* à l'infinitif en gardent un dans les deux premières personnes du singulier du présent de l'indicatif, ainsi que le verbe *vêtir*. Je *mets*, je *bats*, je *vêts*.

SUBJONCTIF. Que je mette, que tu mettes, qu'il mette, que nous mettions, que vous mettiez, qu'ils mettent. — Que je misse, que nous missions. — Que j'aie mis. — Que j'eusse mis.

Conjuguez de même les verbes suivants : *admettre*, *promettre*, *compromettre*, *soumettre*, *commettre*, *remettre*, *démettre*, *entremettre*, *omettre*, *permettre*, *transmettre*.

XXXe.

MOUDRE, *verbe à régime direct.*

INFINITIF. Moudre. — Moulant. — Moulu, moulue. — Avoir moulu. — Ayant moulu. — Devant moudre. — INDICATIF. Je mouds, tu mouds, il moud, nous moulons, vous moulez, ils moulent. — Je moulais, nous moulions. — Je moulus, nous moulûmes. — J'ai moulu. — J'eus moulu. — J'avais moulu. — J'ai eu moulu. — Je moudrai, nous moudrons. — J'aurai moulu. — CONDITIONNEL. Je moudrais, nous moudrions. J'aurais *ou* j'eusse moulu. — IMPÉRATIF. Mouds, moulons, moulez. — SUBJONCTIF. Que je moule, que nous moulions. — Que je moulusse, que tu moulusses, qu'il moulût, que nous moulussions, que vous moulussiez, qu'ils moulussent. — Que j'aie moulu. — Que j'eusse moulu.

Émoudre et *remoudre* se conjuguent de même.

XXXIe.

PRENDRE, *verbe à régime direct.*

INFINITIF. Prendre. — Prenant. — Pris, prise. — Avoir pris. — Ayant pris. — Devant prendre. — INDICATIF. Je prends, tu prends, il prend, nous prenons, vous prenez, ils prennent. — Je prenais, nous prenions. — Je pris, tu pris, il prit, nous prîmes, vous prîtes, ils prirent. — J'ai pris. — J'eus pris. — J'avais pris. — J'ai eu pris. — Je prendrai, nous prendrons. — J'aurai pris. — CONDITIONNEL. Je prendrais, nous prendrions. — J'aurais *ou* j'eusse pris. IMPÉRATIF. Prends, prenons, prenez. SUBJONCTIF.

Que je prenne, que tu prennes, qu'il prenne, que nous prenions, que vous preniez, qu'ils prennent. — Que je prisse, que tu prisses, qu'il prît, que nous prissions, que vous prissiez, qu'ils prissent. — Que j'aie pris. — Que j'eusse pris.

Il faut conjuguer de même les verbes suivants : *reprendre, apprendre, désapprendre, rapprendre, comprendre, entreprendre, se méprendre.*

XXXIIe.

ROMPRE, *verbe à régime direct.*

INFINITIF. Rompre. — Rompant. — Rompu, rompue. — Avoir rompu. — Ayant rompu. — Devant rompre. — INDICATIF. Je romps, tu romps, il rompt, nous rompons, vous rompez, ils rompent. — Je rompais, nous rompions. — Je rompis, nous rompîmes. — J'ai rompu. — J'eus rompu. — J'avais rompu. — J'ai eu rompu. — Je romprai, nous romprons. — J'aurai rompu. — CONDITIONNEL. Je romprais, nous romprions. — J'aurais *ou* j'eusse rompu. — IMPÉRATIF. Romps, rompons, rompez. — SUBJONCTIF. Que je rompe, que nous rompions. — Que je rompisse, que nous rompissions. — Que j'aie rompu. — Que j'eusse rompu.

Corrompre et *interrompre* se conjuguent de même.

XXXIIIe.

SUIVRE, *verbe à régime direct.*

INFINITIF. Suivre. — Suivant. — Suivi, suivie. — Avoir suivi. — Ayant suivi. — Devant suivre. — INDICATIF. — Je suis, tu suis, il suit, nous suivons, vous suivez, ils suivent. — Je suivais, nous suivions. — Je suivis, nous suivîmes. — J'ai suivi. — J'eus suivi. — J'avais suivi. — J'ai eu suivi. — Je suivrai, nous suivrons. — J'aurai suivi. — CONDITIONNEL. Je suivrais, nous suivrions. — J'aurai *ou* j'eusse suivi. — IMPÉRATIF. Suis, suivons, suivez. — SUBJONCTIF. Que je suive, que nous suivions. — Que je suivisse, que nous suivissions. — Que j'aie suivi. — Que j'eusse suivi.

Poursuivre et *s'ensuivre* se conjuguent de même, mais *s'ensuivre* n'est d'usage qu'aux troisièmes personnes, et le plus souvent impersonnellement.

XXXIVe.

VAINCRE, *verbe à régime direct.*

INFINITIF. Vaincre. — Vainquant. — Vaincu, vaincue. — Avoir vaincu. — Ayant vaincu. — Devant vaincre. — INDICATIF. Je vaincs, tu vaincs, il vainc, nous vainquons, vous vainquez, ils vainquent. — Je vainquais, nous vainquions. — Je vainquis, nous vainquîmes. — J'eus vaincu. — J'ai vaincu. — J'avais vaincu. — J'ai eu vaincu. — Je vaincrai, nous vaincrons. — J'aurai vaincu. CONDITIONNEL. Je vaincrais, nous vaincrions. — J'aurais *ou* j'eusse vaincu. — IMPÉRATIF. (*Hors d'usage à la seconde personne du singulier*) Vainquons, vainquez. — SUBJONCTIF. Que je vainque, que tu vainques, qu'il vainque, que nous vainquions, que vous vainquiez, qu'ils vainquent. — Que je vainquisse, que nous vainquissions. — Que j'aie vaincu. — Que j'eusse vaincu.

Convaincre se conjugue de même.

XXXVe.

BATTRE, *verbe à régime direct.*

INFINITIF. Battre. — Battant. — Battu, battue. — Avoir battu. — Ayant battu. — Devant battre. — INDICATIF. Je bats, tu bats, il bat, nous battons, vous battez, ils battent. — Je battais, nous battions. — Je battis, nous battîmes. — J'ai battu. — J'eus battu. — J'avais battu. — J'ai eu battu. — Je battrai, nous battrons. — J'aurai battu. — CONDITIONNEL. Je battrais, nous battrions. — J'aurai *ou* j'eusse battu. — IMPÉRATIF. Bats, battons, battez. — SUBJONCTIF. Que je batte, que tu battes, qu'il batte, que nous battions, que vous battiez, qu'ils battent. — Que je battisse, que nous battissions. — Que j'aie battu. — Que j'eusse battu.

Abattre, *combattre*, *débattre*, *ébattre*, *rabattre*, *rebattre*, se conjuguent de même.

XXXVIe.

VIVRE, *verbe à régimes indirects.*

INFINITIF. Vivre. — Vivant. — Vécu. — Avoir vécu. — Ayant vécu. — Devant vivre. — INDICATIF. Je vis, tu vis, il vit, nous vivons, vous vivez, ils vivent. — Je vivais, nous vivions. — Je vécus, nous vécûmes. — J'ai vécu. — J'eus vécu. — J'avais vécu. — J'ai eu vécu. — Je vivrai. — J'aurai vécu. — CONDITIONNEL. Je vivrais. — J'aurais *ou* j'eusse vécu. — IMPÉRATIF. Vis, vivons, vivez. — SUBJONCTIF. Que je vive, que nous vivions. — Que je vécusse, que nous vécussions. — Que j'aie vécu. — Que j'eusse vécu.

Revivre et *survivre* se conjuguent de même.

VERBES HOMONYMES,

C'est-à-dire verbes qui, avec une orthographe et une signification différentes, ont la même ou à peu près la même prononciation.

Anoblir (1).	Compter.	Hanter.	Rallier.
Ennoblir.	Conter.		Railler.
		Exaucer.	
Bâiller.	Déceler.	Exhausser.	
Bailler.	Desceller.		Raisonner.
Bayer.	Desseller.	Lacer.	Résonner.
		Lasser.	
Buter.	Déférer.		Répandre
Butter.	Déferrer.	Panser.	Rependre.
		Penser.	
Céler.	Dégoûter.		
Sceller.	Dégoutter.	Pauser.	Tacher.
Seller.		Poser.	Tâcher.
	Délacer.		
Chaumer.	Délasser.	Pêcher.	
Chômer.		Pécher.	Vanter.
	Enter.		Venter.

(1) Voir notre *Grammaire* pour la signification de ces verbes.

Verbes qui ne sont homonymes qu'à certains temps ou à certaines personnes (1).

Aller.
Allier.

Buter.
Butter.
Boire.

Carrer.
Carier.

Ceindre.
Saigner.

Cirer.
Scier.

Confier.
Confire.

Convaincre.
Convenir.

Coudre.
Coudrer.

Crever.
Crevasser.

Croire.
Croître.

Décrier.
Décrire.

Dédier.
Dédire.

Défier.
Défaire.

Déparer.
Départir.

Desserrer.
Desservir.

Dorer.
Dormir.

Durer.
Devoir.

S'écrier.
S'écrire.

Être.
Haïr.

Être.
Suivre.

Être.
Fumer.

Être.
Sommer.

Déteindre.
Détenir.

Fier.
Faire.

Fonder.
Fondre.

Lacer.
Lacérer.
Lasser.

Lier.
Lire.

Mener.
Menacer.

Mirer.
Mettre.

Moudre.
Mouler.

Parer.
Paître.

Parer.
Partir.

Peigner.
Peindre.

Plaire.
Pleuvoir.

Policer.
Polir.

Prier.
Prendre.

Puer.
Pouvoir.

Recouvrer.
Recouvrir.

Remplier.
Remplir.

Repartir.
Répartir.

Rêver.
Révérer.

Serrer.
Servir.

Soufrer.
Souffrir.

Savoir.
Suer.

Savoir.
Sucer.

Teindre.
Tenir.

Taire.
Tuer.

Vaincre.
Venir.

Vivre.
Voir.

(1) A conjuguer ces verbes pour s'assurer qu'ils diffèrent dans tous leurs autres temps.

PRINCIPALES OBSERVATIONS

A FAIRE SUR LES VERBES IRRÉGULIERS.

Verbes de la première conjugaison.

Les verbes en *eler*, *eter*, doublent le *l* et le *t* devant un *e* muet.

Les verbes en *ayer*, *oyer*, *uyer*, changent l'*y* en *i* devant un *e* muet.

Les verbes en *ier* prennent deux *ii* dans les temps et aux personnes où les autres verbes en ont un ; et les verbes en *yer* prennent un *i* après l'*y* dans les temps et aux personnes qui ont deux *ii* dans les verbes en *ier*.

Les verbes en *ger* gardent l'*e* dans tous leurs temps et dans toutes leurs personnes.

Les verbes dont l'avant-dernier *e* est muet prennent un accent grave sur cet *e* quand le dernier *e* est muet.

Les verbes qui ont un accent aigu sur l'avant-dernier *e* changent cet accent aigu en un accent grave quand le dernier *e* est muet.

Les verbes qui ont deux *éé* à l'infinitif en prennent trois au participe passé féminin : *créée*.

Le verbe *aller* est entièrement irrégulier.

Il n'y a qu'une seule terminaison pour le participe passé des verbes de la première conjugaison, *é*. J'ai *chanté ;* il a *payé.*

Verbes de la seconde conjugaison.

Le verbe *bénir* a deux participes, *béni, bénit.*

Le verbe *haïr* a deux prononciations : je *hais*, je *haïs*.

Le verbe *fleurir* a deux participes présents : *fleurissant, florissant.*

Le verbe *courir* fait *courre* en terme de chasse : *courre le cerf.*

Le verbe *vêtir* a, selon les bons auteurs, deux présents de l'indicatif : *je vêts, je vêtis.*

Le verbe *tressaillir* a, selon les bons auteurs, deux présents de l'indicatif : *je tressaille, je tressaillis.*

Il y a sept terminaisons pour le participe passé des verbes de la seconde conjugaison : *i, it, is, u, ort, ert, ui.*

I. *J'ai fini.*	ORT. *Il est mort.*
IT. *Du pain bénit.*	ERT. *Il a ouvert.*
IS. *J'ai acquis.*	UI. *Il a fui.*
U. *Il s'est vêtu.*	

Verbes de la troisième conjugaison.

La troisième conjugaison est la plus irrégulière des quatre : on n'y trouve pas un seul verbe dont les temps primitifs dérivent régulièrement de l'infinitif.

Il y a trois terminaisons pour le participe passé : *u, is, eu.*

U. *J'ai voulu; j'ai pu.*
IS. *Je me suis assis.*
EU. *J'ai eu.*

Verbes de la quatrième conjugaison.

Tous les verbes en *endre* s'écrivent par *en*, excepté *répandre.*

Les verbes en *endre;* le verbe *coudre*, et ses composés *recoudre, découdre;* le verbe *moudre*, et ses composés *émoudre*, *remoudre;* les verbes *tordre*, *mordre*, et leurs composés, gardent le *d* aux trois personnes du présent de l'indicatif.

Je rends, il rend.
Je couds, il coud.
Je mouds, il moud.
Je tords, il tord.

Les verbes en *aindre*, ceux en *eindre*, les verbes *absoudre, dissoudre, résoudre*, perdent le *d* aux deux premières personnes du présent de l'indicatif, et changent le *d* en *t* à la troisième.

Je crains, il craint.
Je peins, il peint.
J'absous, il absout.
Je dissous, il dissout.
Je résous, il résout.

Les verbes qui ont deux *tt* à l'infinitif gardent un de ces *t* aux deux premières personnes du présent de l'indicatif.

Je mets ; je bats.

Les élèves ont souvent de la peine à distinguer les verbes en *ir*, seconde conjugaison, des verbes en *ire*, quatrième conjugaison. Il n'y a pas un seul verbe de la seconde conjugaison dont le participe passé soit terminé en *it*, excepté le participe adjectif du verbe *bénir*, tandis que la plupart des verbes en *ire*, quatrième conjugaison, ont leur participe passé terminé en *it*.

Confire, il a confit ; réduire, il a réduit.

Les seules exceptions à cette règle sont les verbes

Luire, il a lui.	*Nuire, il a nui.*
Rire, il a ri.	*Suffire, il a suffi.*
Suivre, il a suivi.	*Sourire, il a souri.*

Il y a treize terminaisons pour le participe passé : *ait, é, uit, ui, aint, eint, u, is, ous, out, i, it, os.*

AIT. *Il a fait.*	IS. *Il a mis.*
É. *Il est né.*	OUS. *Il a absous.*
UIT. *Il a réduit.*	OUT. *Elle est absoute.*
UI. *Il a nui.*	I. *Il a ri.*
AINT. *Il a craint.*	IT. *Il a écrit.*
EINT. *Il a peint.*	OS. *Il a clos.*
U. *Il a plu.*	

En tout vingt-quatre terminaisons pour le participe passé des verbes français, réguliers et irréguliers.

TABLEAU DES VERBES IRRÉGULIERS (1).

PREMIÈRE CONJUGAISON.

APPELER, et tous les verbes en *eler*.
JETER, et tous les verbes en *eter*.
MANGER, et tous les verbes en *ger*.
APPUYER, et tous les verbes en *yer*.
OUBLIER, et tous les verbes en *ier*.
CRÉER, et tous les verbes en *éer*.
CÉDER, et tous les verbes dont l'*e* pénultième a un accent aigu.
MENER, et tous les verbes dont l'*e* pénultième est muet.
ALLER.
S'EN ALLER.

DEUXIÈME CONJUGAISON.

Bénir.
Haïr.
Fleurir.
Sentir.
Bouillir.
Courir, courre.
Défaillir.
Faillir.
Fuir.
Mourir.
Acquérir.
Querir.
Ouïr.
Gésir.
Guérir.
Vêtir, et ses composés.
Sortir, et ses composés.
Dormir.
Partir, et ses composés.
Répartir.
Ouvrir.
Cueillir.
Saillir.
Assaillir.
Jaillir.
Tenir, et ses composés.
Venir, et ses composés.

TROISIÈME CONJUGAISON.

Choir.
Déchoir.
Échoir.
Falloir.
Mouvoir.
Promouvoir.
Savoir.
Seoir.
Asseoir.
S'asseoir.
Surseoir.
Valoir.

(1) Le soin que nous avons mis à exposer toutes les irrégularités des verbes nous dispense de donner ici les cinq temps primitifs. Mais il sera bon de faire faire ce tableau par l'élève.

Voir, et ses composés.
Vouloir.

QUATRIÈME CONJUGAISON.

Plaire, et ses composés.
Faire, et ses composés.
Braire.
Taire.
Traire.
Connaître, et ses composés.
Naître, et ses composés.
Paître.
Repaître.
Réduire, et ses composés.
Bruire.
Circoncire.
Luire, et ses composés.
Nuire.
Confire.
Croître, et ses composés.
Dire, et ses composés.
Maudire.
Écrire.
Frire.
Lire, et ses composés.
Rire.
Sourire.
Suffire.
Boire.
Clore.
Eclore.
Conclure.
Plaindre, et tous les verbes en *aindre*.
Peindre, et tous les verbes en *eindre*.
Absoudre.
Coudre, et ses composés.
Moudre, et ses composés.
Mettre, et ses composés.
Prendre, et ses composés.
Rompre.
Suivre.
Vaincre.
Battre, et ses composés.
Mordre, ses composés et les verbes en *ordre*.
Vivre, et ses composés.

FIN.

TABLE.

PREMIÈRE PARTIE.

SECONDE PARTIE

FIN DE LA TABLE.

Paris. — Imp. de Édouard Blot, rue Saint-Louis, 46.

www.ingramcontent.com/pod-product-compliance
Ingram Content Group UK Ltd.
Pitfield, Milton Keynes, MK11 3LW, UK
UKHW031849260826
14628UKWH00002B/681

9 782014 443691